JN408692

그림자 지문

문학공원 시선 113

그림자 지문

김태호 시집

문학공원

자서

첫 발자국 떼었다
또박또박 걷겠다

할 말이 없다
쓸 말이 없다
버리고 간다

오리무중
시발점에서

2016년 겨울

김 태 호

<서문>

언어의 한계와 그 나아감의 궤적을 인지하는 시인

강 희 근

1.

김태호 시인의 시는 젊습니다. 이 말은 수사나 이미지나 쓰이는 시어들이 건강하다는 이야기입니다. 나이가 든 시인들의 통폐가 지나치게 느리고 긴장이 짬 없이 풀려 있는 것을 볼 수 있지만 김 시인의 시는 그 반대입니다. 사물이 싱그럽습니다. 그리고 과거가 유물로 변색이 되어 있거나 유물이 유물로서 갖는 고색창연이 아니라 그것은 새로운 현재로 다시 살아나고 해석됩니다.

2.

김 시인의 「난파선 호리병」이나 「포옹하는 영혼」, 「미르의 무지개」 같은 작품들이 그런 성질을 띄고 있습니다.

> 시궁해 시평신 밑으로 태양이 침몰한다
> 방파제 기우는 파도의 입사각入射角 극점

악명 높은 해적선이 녹슬어 간다
안개 낀 얼굴에 마스크 깊이 쓰고 감춰놓은 야음을 절취한다
검은 방 뒤척이며 행여나 빠뜨린 장물을 탐색한다
칸막이 철벽을 횃불로 지지면 무지개 피어오르고
호리병에서 깨어난 지니가 무대를 밟는다

– 「난파선의 호리병」 시작 부분

인용시는 난파된 해적선이 지중해 해저에 놓여 녹슬어가는 것을 하나의 상황으로 설정해 쓰여 지고 있습니다. 그 안에 있는 장물인 호리병을 하나의 초점으로 놓고 그 지점으로부터 상상의 세계를 만들어냅니다. 시어는 '침몰한다', '녹슬어 간다', '절취한다', '탐색한다' 같은 것이 눈에 띄는데 이런 시어는 머뭇거리거나 서성대는 것이 아니라 매우 동적이고 실천적입니다. 그리고 상상은 아라비안나이트의 요정 '지니'가 호리병에서 깨어나 무대를 밟고 이어 동방의 황진이가 홍조를 띄며 옷고름을 여밉니다. 상상은 과거에서 현재로 역류하고 서에서 동으로 혼류합니다. 그래서 동적이라는 것이고 젊다는 것입니다.

베스비우스가 몸살났구나
며칠 밤낮 열에 들떠 목가래 끓는구나
코피가 터지면서 불기둥이 치밀어 오르는구나
검붉은 연기와 흙 반죽 수렁을 타고 도시를 삼키는구나
간간이 울리는 잔기침소리 환청인 듯 피할 길은 없었구나

그들은 천정 없는 기초 위에 쌓은 화사한 성
꿈속에서 환상을 부둥켜 안았구나
뜬 눈으로 지키던 폼페이 하늘
불카누스를 자카던 병사는 검을 뽑아 갈라진 땅을 덮었구나

-「포옹하는 영혼 - 폼페이 전시회에서」 부분

인용시는 폼페이가 베스비우스 화산 폭발로 한 순간 마비되고 뜨건 용암에 엉겨버린 일을 소재로 쓴 작품입니다. 제목에서 '포옹하는 영혼'은 아마도 사랑하는 남녀가 그 순간 부둥켜안은 채로 화석이 되어버린 것을 그린 것으로 보입니다. 이 시 역시 앞의 시와 같이 싱그럽습니다. 특히 베스비우스 화산을 의인화 하여 동적인 이미지로 끌고 가는 것이 눈에 띕니다. '몸살 났구나', '목가래 끓는구나', '삼키는구나', '피할 길은 없었구나', '부둥켜 안았구나' 같은 동사들이 젊은 이미지에 머물게 하는 생동감인 것입니다. 후반에 가면 "흙먼지 속 가냘픈 여인과 불길 속을 용케 뛰쳐나온 / 한 마리 멧돼지는 아직도 코끝이 따스하구나"라 하여 과거를 현재형으로 돌려 놓습니다. 그리고 '하구나'로 병렬해놓는 되풀이가 점층적 호흡을 일으켜 냅니다.

김 시인의 환상과 상상에로의 진입은 언제나 눈앞에 있는 사물에서 시작됩니다. 「미르의 무지개」가 그렇습니다. "목멱산 앞자락 늪에는 용이 뿜어내는 폭포가 솟구친다"에서 비롯된 용의 움직임과 상태는 서술적으

로 흐르기도 하고 앞 시에서처럼 동적인 이미지로 생동하는 시의 맥락을 만들어냅니다. 그런 가운데 시인은 낱말과 구절에서 활력을 최대한 이끌어냅니다.

시인은 거기서 머물지 않고 이항대립인 '실'과 '실패'를 두고 끈질기게 이미지로, 환상으로 실제의 뒤섞임으로 대립의 양자로 이끌고 있습니다. 이것이 시인의 도저한 저력입니다. 김 시인은 그러므로 멈추지 않는 열차와 같이 기적소리를 길게 내며 달릴 수 있는 천혜의 기관사인지 모릅니다. 그의 시는 '칙칙 푹푹'에서 '부우웅' 바람소리로 연달이 호기롭게 나아가는 기관차입니다.

3.

다음과 같은 시는 너무나 재미있어 독자 홀로 빙그레 웃게 만들어 줍니다.

구포역에서
무임승차 편승하고 삼랑진을 지난다

완행열차는 배 터지게 만원인데
배불뚝이 아낙이 배 한 소쿠리 가득 안고
배 사이소 내 배 사이소 내 배 사이소
배 터지는 통로를 유혹한다
달콤한 내 배 사이소
꿀물이 넘치는 내 배 사이소
덜컹덜컹 열차는 낙동강철교 건너 배 밭둑길 달린다

배 한 척이 배를 싣고 흘러간다
배꼽 잡고 배꽃잎이 대굴대굴 구른다
배가 주렁주렁 웃는다
배꽃이 바람결에 날린다
배밭에 배꽃이 눈부시다

-「오역誤譯하지 마세요」 전문

제목이 아주 재미있습니다. 시가 '언어놀이'인데 그것들 사이 착각하지 말고 제 것의 자리에서 제 것의 의미를 가해야 함을 주의 주는 말입니다. 그리고 "무임승차 편승하고"가 있는데 그 속을 들여다보면 열차를 타고 가는 것이 아님을 넌지시 환기시켜 줍니다. '배'는 첫째로 '사람의 몸 부위'가 있고, '물에 떠가는 배'가 있고 그리고 '과일로서의 배'가 있습니다. 눈 바로 뜨고 읽기를 하지 않으면 헷갈리게 됩니다. 이 세 가지 서로 다른 뜻을 지닌 말들을 하나의 상황 안에서 쓰는 것은 대개는 풍자를 나타내거나 익살을 드러내는 경우가 됩니다.김 시인은 이를 인용시에서는 익살스레 드러내는 경우를 보여 줍니다. 말을 갖고 노는 퍼즐게임처럼 재미를 불러오기 때문입니다.

이와는 달리 같은 언어놀이이지만 풍자를 보이는 시가 있습니다.

점집에 들어간다 앞길에 남은 점이 몇 점이나 되는지 점쳐 본다 이제껏 점찍을 때마다 모자라는 섬은 한 두 점이 아

> 니었다. 시험은 점으로 찍었다 나의 운세는 점으로 점철되었다 늘어선 점에서 맨 앞 꼭지점까지 매일 모자라는 옥에 티는 한계점이었다
>
> - 「점집點集」 부분

인용시는 점點에서 점占까지에 이르는 의미 영역을 가집니다. 언어놀이로 이어지는데 이 시에서는 그 언어놀이가 풍자적입니다. 점은 노트에 찍는 점이 있고, 사람 얼굴에 있는 점도 있고, 앞일을 예측하는 점치는 일도 있습니다. 그런 개념어들을 따라다니다 보면 우리들의 생활이 한계점에 도달한다는 것입니다. 그럴 때 풍자가 됩니다. 낙관적이기보다는 부정적인 뜻을 내포하게 되기 때문입니다. 그럼에도 독자는 꼭히 기분이 나빠진다거나 좌절에 빠져드는 것만은 아닙니다. 오히려 한계선상에서 누리게 되는 공간을 발견합니다.

4.

김태호 시인은 신선한 젊은 시를 씁니다. 동적인 이미지로 상상과 환상을 창조합니다. 그리고 언어가 갖는 놀이로서의 기능을 십분 활용하는 시인입니다. 언어를 그 한계와 그 나아감의 궤적을 동시에 인지하는 시인이라 그가 쓸 수 있는 시적 카드는 아주 다양한 것일 수 있습니다. 독자들이 몇 페이지를 더 넘기다 보면 세계가 낯선 것도 있고 낯익은 것도 있고, 사상의 일면을

한없이 늘여내는 신작의 꽃불놀이 같은 것도 만날 수 있을 것입니다. 그러므로 젊은 시인입니다. 새로운 감각의 시인입니다. 전혀 들어보지 못한 철학적인 모서리를 건드리고 지나가는 신비의 바람을 만날 수도 있을 것입니다. 앞으로의 진경을 기대하면서 지금의 주소지에 더 많은 시간을 할애하는 독자가 많이 나오기를 바랍니다.

2016년 10월의 마지막 날

강 희 근 씀

CONTENTS

1부. 꿈을 낭송하다

2부. 미로를 찾다

3부. 실패를 감다

4부. 별, 별것 아니다

1부,
꿈을 낭송하다

맨발로 오시다

그녀는 뒤울안 사립문 밀고 생솔가지 군불을 지피며
치맛자락 태워먹고 눈물 쏟던 정주간에 들어간다
시아버지 제삿날이다

가을비 추적추적 적시는 논두렁길
논뙈기 한 뼘 없는 시아버지가 여태껏 한 켤레만
애지중지 아끼는 뒤축 닳은 검정구두 속에
양말을 벗어들고 맨발로 오신다

아버님 구두는 왜 벗으셨어요 발 아프게요
신발이 젖을까봐 벗었다
양말이라도 신고 오시지 않구요
양말이 해지면 어멈 손가락이 바늘에 찔리지 않니
발을 다치시면 어쩌시려구요
괜찮다 늘 자갈길만 달리는데 논두렁쯤이야

시아버지는 여러 밤낮 교자상을 아랫목에 펴고 남포등 밑에서
철길을 거미줄 치듯 엮어 토목회사에 건네고 오는 참이다

아가 오늘은 밖에 나가지 마라 날아갈라 바람이 세구나
수수깡처럼 말라가지구 쯧쯧
치마끈 졸라맨 며느리가 안쓰럽다

그녀는 황토 부뚜막에 등잔불 돋우고
구두를 호호 불어 눈물방울 닦는다

진동

폴더 폰이 울린다
앞이 침침한 할머니는 목걸이 같이 가슴에 품고 사는 휴대폰을 열고
발신번호 검색하지만 기억이 가물가물하다
엉겁결에 수화기를 꾹 누른다

"할머니 밖에 나가지 마세요 눈이 많이 와요 미끄러워요"
기저귀 갈아주고 유모차 태우고
업어 키운 손자의 목소리가 다급하다
지금은 삼각산 너머 울리는 그리운 목소리다

할머니는 인수봉을 단숨에 넘고 싶은데
눈발이 앞을 가린다
어느새 젓먹이는 백운대만치 우뚝 커서
어미아비도 하지 않는 걱정이 태산이다

할머니는 휴대폰을 가슴에 꼭 품는다

아기 때처럼
할머니 사랑해요
또다시 문자가 가슴을 울린다

토라진 문고리

너는 헤픈 여자다
아무 손이나 덥석덥석 잡는 여자
손이 차가운 여자
하루 종일 말 한 마디 하지 않는 여자
그래도 늘 나를 기다려주는 여자
네 손을 따뜻이 잡고
밤새도록 냉가슴 두드려도
무엇이 토라졌는지
암호로 걸어 잠근 채
열어주지 않는 여자

어서 썩 풀지 못할까
뜨거운 불로 네 가슴을 녹이기 전에

산 높이 재기

백두산 눈높이는 세 얼굴이다
인천 앞바다 표준높이는 2,744m이고
원산 앞바다 높이는 6m 펄쩍뛰고
천진 앞바다 높이는 5.2m 까치발 뛴다
내 땅을 어서 찾아 빨리 통일이 되어야겠다

오순도순 이어가는 산줄기
흰 구름 머문 백운대 눈높이는 836m이고 인수봉 아우는 형보다 32m 작고 소귀골 속고개 넘어 다섯 밤톨 오봉은 인수봉보다 144m 작고 속 깊은 여성봉은 오봉보다 156m 깊고 자태고운 자운봉은 여성봉보다 235.5m 높고 봉우리 가운데 웃어른 만장봉은 자운봉보다 21.5m 낮고 물벼락 맞은 수락산은 자운봉보다 80m 낮고 부처바위 불암산은 수락산보다 128.3m 낮은 509.7m이다[1)]

높낮이는 달라도 이어진 마음은
한 줄기 핏줄이다

---

1) 자료출처 : naver 지식 in

사랑의 자물쇠

믿지 못 하는 것은 네 마음이다

누가 생가지에 수갑을 채우는가
겨우내 벌거숭이 눈바람으로
온몸을 정결히 씻고 가지하나 꺾일라
씨눈 한 톨 멧새부리에 쪼일라
뜬 눈으로 지키고
사월 햇볕 끌어안아 꽃 피운 죄 밖에 없는데

팔각정 오름길
가지마다 꽃망울 활짝 피워 벌 나비 품고
사랑의 열매만 맺었는데
무슨 심사로 연약한 가지에
자물쇠 채워 생인손 저리게 하나

꽃은 피웠지만 바람은 결코 안 피웠다
꿀 향기 바람에 묻혀
취하지 않을 만큼 뿌렸을 뿐
수갑 찰 지은 죄는 없다
갈라지는 너희들 발목 뒤꿈치에나
수갑을 채울 것이지

폭포

수도꼭지가 폭포를 쏟아낸다
계량기 바늘이 어지럽다
조난당한 밥알과 허드레 땀방울은 수챗구멍 휘젓고
기막힌 하수구는 체한지 오래다
119 긴급구조 타전하지만 침몰한 안테나는
발신불능 수신불능

와디바닥 혀 박고 타는 낙타 목
물 한 방울 땀 한 방울 땀 한 방울 피 한 방울

범람하는 개숫물은 화장실 귀퉁이
플라스틱 함지박 퍼 담아 저수지 만들었다
천수답 거북등 논배미 골고루 물꼬를 트게

비구름 한 바가지 퍼부어
룹알할리 와디에 물꼬를 튼다

춤추는 포스터

바람 거센 날
풍물거리 만물가게 아웃도어 앞에서
그녀는 파고드는 바람기 막으려고
제법 두툼한 바람막이 100사이즈를 뒤진다
이 색상 스타일 당신 맞춤이네요 단단히 무장하세요
그녀는 지폐를 꺼내 값을 치르는데
너풀너풀 옷소매 잡아끄는 손길이 있어 나는 고개를
돌린다

낯익은 노랑머리 미녀가 치맛자락 들썩이며 웃고 있다
그녀는 한때 안고 싶어 밤잠 설치던 절색이지만
눈치도 없이 그녀 주먹 앞에서 날 세운 손톱 끝에서
잠잠한 바람기 부추겨 어쩌자는 걸까
무엇해요 안 입고

그녀가 건네주는 바람막이 멋지게 걸치고
눈치를 살피며 폼 어떠냐고 살짝 물었다
노랑머리는 대꾸 없이 여전히 웃고만 있다
여보 힘 있으면 그년을 꼭 껴안아보세요 용서할게요
하지만 마음만은 안 돼요
질투가 쌍심지 불꽃 튄다

그녀는 시샘에도 눈썹하나 까딱 않고
바람막이 품속을 헤집는다
쌍봉우리 떠받힌 24인치 철 기둥에서 바람피운 포스터
가게주인 손때 묻은 마릴린 먼로 치마폭이 뒤집힌다

천년의 미소

– 반가사유상半跏思惟像

어제 밤 꿈속에서 비단길 거닐었다
비단길 따라 동방으로 온 그는
천년의 미소를 머금고 잠잠하다

깊은 시름 떠받힌 듯 뺨에 고인 두 손가락
지그시 감은 눈은 지상至上의 명상
천길 깊이 알 수 없는 웃음 짓고
입 다문 속마음은 아무도 모른다

월일식보관月日蝕寶冠 머리 아래 날개 없은 천의天衣
허리 감아 흘러내린 치마 주름 물결은
로마의 톱클래스 디자이너도 무릎 치고 울고 갔다

무엇을 사유하는가
무엇을 눈감아보는가
대답은 없다

천년이 다시 몇 천겁 걸쳐도 그 자태 그대로
침묵할 것이다

탐색하는 중

갈림길에서 망설이는 이
열쇠 쥐고 주머니 뒤지는 이
연필잡고 볼펜 찾는 이
돋보기 끼고 안경 찾는 이
뭘 집에 두고 나왔다 되돌아가는 이
업은 아기 삼년 찾는 이
카톡카톡 뒤지다 목적지 지나치는 이
먹은 나이 깜빡깜빡 까먹는 이
밥 세 그릇 비우고 배고픈 이
남의 떡이 커 보이는 이
제 이름이 누구냐고 묻는 이
눈물 짜며 우는 이유 모르는 이
아옹다옹 사는 까닭 알 수 없는 이
굴러온 호박넝쿨 걷어차는 이

걱정 마세요
습관성 건망증이지 치매는 아닙니다
당신은 지극히 정상입니다
다만 새로운 길을 찾는 중입니다

토이공항

새털방석 한 자락 엉덩이 깔고 느려터진 고속도로 밟는다
오랜만에 식구들 다 모여 넉넉한 자리
가까운 이웃도 함께 불러 코끼리 잔등에 마술담요 펼친다
와! 아이들이 손뼉 치며 춤춘다
저 앞에 날아가는 용머리에 무지개 휘감겼다
입에는 여의주 물고 무지개를 잡아보자
잠깐 아무리 급해도 벼락치는 번개 등은 클릭하면 안 된다

발아래는 토이세트 공항에서 이륙한 보잉777이 고속버스를 올라타고 달리지만 덩치 큰 코끼리보다 느리다 쪽박만한 태평양은 조각배가 가물가물 솜털구름 부풀리고 새털구름 날개 편다 어느덧 알리바바 양탄자는 하늘마당 활주로를 깔았다

큰 아이네 식구들은 그랜드캐니언 둘러보고 둘째네는 양털구름 감싸 안고 호주에나 다녀오렴
셋째네는 비단길 따라 에베레스트 굽어보고

막내딸은 부르즈 할리파 스위트룸[2)]에서 신혼 꿈이 달콤하다

이웃집 형님네 동갑네도
마음대로 이 세상 일주나 하시지요
비자도 없는 데요
초행길 이웃이 망설인다
하늘은 열렸어요 문 따위는 없어요
구름은 국경 없는 나라니 마음 놓고 다녀오세요

2) 아랍에미리트 두바이의 신도심 지역에 있는 높이 829.8미터의 초고층 건물이다. 삼성건설이 시공했다.

꿈을 낭송하다

어미 품에서 꿈꾸던 파랑새는 날개 뻗어 태평양 건넜다
키보드 두드리던 부리에 문자가 내포된 꽃씨물고 엘에이로 깃든다
낯선 가지에 둥지 틀고 표피를 쪼아 포장을 연다
부푼 표지는 갈피갈피 사연을 펼치며
담아온 가슴속 이야기를 노래한다
이웃 숲에서 맑은 목소리가 따라 울리자
메아리는 푸른 잎 혈맥타고 녹음된다
고개 너머 어슴푸레 들려오는 산울림은 또렷이 재생되어
모국어의 꽃말은 플로리다로 퍼진다
스와니강둑에서 실버들 호드기를 낭송한다
헤리스버그 들판 옥수수수염이 가을바람 낭송한다
물고 간 한 방울 한강수는 나이아가라 물줄기를 낭송한다
오스틴 스페셜벤치에 둘러앉아 갓 피어난 스마트꿈을 낭송한다
스마트꿈은 게티스버그 달리는 길 사과밭 뛰넘어 코스모스[3]를 낭송한다

---

3) 칼세이건의 cosmos

솟구쳐 오른 깃털마다 저장한 미래를 낭송한다

오역誤譯하지 마세요

구포역에서
무임승차 편승하고 삼랑진을 지난다

완행열차는 배터지게 만원인데
배불뚝이 아낙이 배 한 소쿠리 가득 안고
배 사이소 내 배 사이소 내 배 사이소
배터지는 통로를 유혹한다
달콤한 내 배 사이소
꿀물이 넘치는 내 배 사이소
덜컹덜컹 열차는 낙동강철교 건너 배 밭둑길 달린다
배 한 척이 배를 싣고 흘러간다
배꼽 잡고 배 꽃잎이 대굴대굴 구른다
배가 주렁주렁 웃는다
배꽃이 바람결에 날린다
배밭에 배꽃이 눈부시다

봄은 기웃거린다

오랜 잠 뒤척이던 실개천은 자갈바닥 깨웠지
해묵은 더께먼지 털어내고
하루 한 날 살갗 찢어 뿜어내는 고로쇠 진액은
잔설 녹인 얼음장 밑 흐른다
봄의 왈츠, 빠른 음표를 쪼아대는 굴뚝새 한 마리
물기 오른 버들개지 잔털 위로 아지랑이 아른대면
두 마리 청설모는 남겨둔 잣송이를 기웃거린다
영롱하게 맺히는 이슬은 햇빛을 담고
구불구불 구김살 주름 펴는 흙속의
지렁이도 고개 들어 먼 하늘 기웃거린다
할미새는 어디서 늦잠 자나 알 수 없지만 깨어나면
마른둥지 틀어 앉아 깃을 빗고 있겠지
방울방울 매달린 꽃망울엔 고향 봄이 아련해
떨어지는 향수 물고 어디론가 찾아가겠지
다 품어 기른 새끼 옆에 끼고
두고 갔다 돌아올 길목에서 봄은 기웃거린다

패치워크의 심

언제부턴가 알 수 없거나
입술에 매달린 밥풀딱지 뗄 수 없거나
어쩌려고 자꾸
생각나는지 잊지 못 할 그리움이거나
가슴 묻은 X레이 껴안고 숨죽이거나
뜯어버린 지난달 캘린더 다음 달 이어 가거나
주섬주섬 모아 놓은 자투리 꿈 자락 꿰어 차거나
한 땀 한 땀 조각보 깁는 밤 불면의 여백이거나
몽당연필 한 자루 검은 심
닳고 타는 까만 속내 짚어내지 못하거나
시원한 물 한 모금 목마른 땜장이 땀방울 이거나
구십 고개 넘는 택시기사 열어젖힌 유리창 너머
예약 없이 날아든 날개 젖은 카나리아 품거나
떠는 깃털 옆에 끼고 금지구역[4] 프리패스 하거나
팔각정 팔자 좋은 팔각기둥 배치거나 자치거나
찍어 누른 등짐 내던지고 등진 기둥 등치거나

두더지 굴 헤매다 대낮에 방향감각 잃거나
길 잃고 우는 아이 주먹손 훔치거나

4) 남산타워 오름길은 승용차와 택시는 통행금지다. 단 외국인 이 탑승한 택시는 예외다

공평하게 붙여놓은 이정표화살 따라
공평동 인사하러 인사동 가거나
서피맛골에서 해맞이 동피맛골 물어가거나
광장시장 좌판에서 빈대떡 한판 뒤집거나
거나하게 취하거나 말거나
막걸리 몇 잔 풍물시장 상모놀이패 꽹과리
민속촌 쾌지나칭칭 징 치거나 패거나 말거나
강 건너 불구경 발 동동 흘러간 오동동 타령
조롱박 구르거나 말거나
대평양 기슭 후려치는 쓰나미 덮치거나 말거나

난파선의 호리병

지중해 지평선 밑으로 태양이 침몰한다
방파제 기우는 파도의 입사각入射角 극점
악명 높은 해적선이 녹슬어 간다
안개 낀 얼굴에 마스크 깊이 쓰고 감춰놓은 야음을 절취한다
검은 방을 뒤척이며 행여나 빠뜨린 장물을 탐색한다
칸막이 철벽을 횃불로 지지면 무지개 피어오르고
호리병에서 깨어난 지니가 무대를 밟는다
금박뿌린 초청장 받아들고 구름 같이 몰려온 무리는
황해의 진이도 홍조를 띄게 한다
속내 들킨 그녀는 애꿎은 옷고름 여민다
발 빠른 모델들은 구름과 꽃잎을 복제한 짝퉁만 걸치고
카메라 잠망경을 끌어당긴다
들어낸 실오라기 가닥에서 파계破戒라는 정의定義를 해독한다
파계의 극적인 장면은 올림픽 다섯 번째 주자가
마지막 네 사람을 눕히거나 최후의 날[5]을 맞이하는 산

5) 폼페이 최후의 날

불꽃 터지는 산허리 발 벗고 달리다 보면
숨까지 벗어 던져야 가벼운 극점에 도달한다
극점과 통점은 적과의 동침[6]
그들의 걸음은 통점과 극점의 경계에서 줄다리기 하고
미소를 잃지 말아야 한다
얼음송곳으로 극점을 찔러도 통점은 녹으면 안 된다
다음 무대에서는 뒤꿈치 티눈을 뽑아야 한다

---

6) 영화 제목

길에 홀리다

나는 운 좋은 꽃 배달 전문 운전사다
자자士字 붙은 꼬리표가 좋아 보여 소 팔고 논 팔아
낮잠 자는 석사 박사 따놓고
판검사 시험은 운이 나빠 스무 번은 물먹었다
그래도 사자士字 꼬리에 쥐꼬리만큼 미련이 남아
남다른 머리 굴려 열아홉 번 만에 운전기사가 되었어
당당하게 국가자격증 받고 그네를 뒷좌석에 모시고
으스대면서 내비에게 길을 묻는다
목적지는 내 고향 속초다
오늘 손님은 장미와 난초다
수다쟁이 내비는 얼굴은 안 내민다
목소리는 성우지만 심술도 변덕이다
경로를 멋대로 바꾸고 잔소리도 바가지다
얼굴 반반한 손님이 승차하면 심사가 꼬인다
장마철에 다리가 떠내려갔어도 모른 체 한다
체인 감지 않은 줄 뻔히 알면서 발목 빠지는 눈 비탈을 지름길인양 시치미 뗀다
눈치 없이 따라 붙은 불청객 나비가 난초와 입 맞춘다
뿔이 난 장미가 난초를 들이 받는다
난초향이 코를 후빈다
나는 술친구가 많아서 번번이 음주운전 딱지 떼지만

정신만은 멀쩡했다

하지만 간지러운 향기엔 손발 끝이 떨린다

삼베 고랑에서 연기바람 피운 적 없는데 머리가 몽롱하다

눈앞이 아찔하다

넘어야 할 대관령은 아득한데

울고 넘는 박달재는 왜 돌아가는지 삼각지도 아닌데

나는 내비에 홀려 갈길 헤멘다

아직 길은 머나먼데

길을 읽다

가로등 눈감는 새벽길 걷는다
그는 늘 그맘때 알루미늄 마디 안테나 줄잡고
블록 문자만 읽어간다
궤도 위를 달려간다
미끄럼에 발붙이며 낙엽 덮는 서릿발 밀어놓고
이따금 스쳐가는 인기척은 귀에 담는다
발자국 숨결도 골라본다
낯익은 목소리와 손잡아본다

헛것은 보지 않아 어지럽지 않겠지
보고픈 세상 빛깔, 곱게만 그려보겠지
그들이 안 가는 길 걸어서 부대끼지 않겠지
밝은 맘 닦아보니 앞길이 환하겠지
가려진 눈시울 꽃잎에 물들겠지
살포시 닥아 온 향내는 살갗에 스미겠지
멧새 울음은 떨림으로 녹음 하겠지
따끈한 물 한잔 목 추겨 감사 하겠지
바른 길만 또박또박 떳떳하겠지
블록 문자 끊긴 길도
안테나 마디 펴고 곧은 궤적 찾겠지

2부. 미로를 찾다

카펫 길의 초대

꽃가루가 쏟아진다
별송이가 날린다
봄맞이 둘레길은 꽃무늬 별무늬 카펫을 깔았다
아직 레드카펫 밟지 못한 그녀는
꽃무늬 구름타고 분홍계단 오른다
바람이 스치면 가루 잎이 눈송이 뿌린다
발아래 아지랑이 아른거린다
새둥지 파마머리 숲속에 꽃눈이 핀다
할머니 뻥튀기 구경했어
아니
머리에 튀밥이 수북하잖아
손녀는 그녀를 무릎에 눕히고
녹지 않는 눈잎을 족집게로 따모은다
매니큐어 손톱 같은 연분홍 홑잎은
머릿니 서캐처럼 흰머리 속속들이 박혀있다
참빗으로 빗기렴
싫어 안 돼
손녀는 그녀의 소녀 적 흑백사진 머리에
한 잎 두 잎 별무리 화관을 씌운다
빛바랜 저고리 동정에 꽃목걸이 걸어준다
딱풀로 꼭꼭 눌러 푸석바람 막는다

있잖아 이 사진 코팅할 거야
내 얼굴 꼭 닮았네 예쁘지
할머니도 스타되셨네
사진 속 소녀가 수줍다
주름살 가득한 얼굴이 펴진다

외톨나무의 속삭임

나는 나이를 모른다
솔직히 말해 해와 달을 셈하지 않았다
더러는 늘어진 주름과 녹슨 때가 돋아나
성형외과에서 갈고 닦아보지만 아랑곳하지 않는다
본 모습을 감추고 외톨이로 해마다 새 식구를 맞이하면서
출렁이지 않으면 못 견디는 너와 맞서고 있다
네가 물어오는 세속의 어지러운 속사정을 어쩔 수 없이
듣고 보기만 하고 볼품없는 나이테만 두르다 보니
누구 하나 가위들고 덧가지를 수술하거나
꺾어진 생가지를 깁스하여 재생하지 않는다
그저 너덜거리는 삭정이는 제풀에 사그러지거나
때로는 네가 스치면서 거두어갈 뿐

너는 변덕이 심했다
미세먼지를 몰아오기도 하고
구름도 비로 쓸어 붙이고 빗줄기를 톱질하여
들녘에 나 홀로 세워뒀지만 쓸어질 수는 없다
네 얼굴이 아무렇게나 구겨지던 알바 아니지만

측은한 신음소리는 듣고 있다
내내 함께 살던 가족들은 미련 없이 떠나버리고 네 말을 듣고 있다
지날 때 마다 아직 멀었어요 더 비워야 가벼워요
채근하지만 그렇게 못하는 나
흔들릴수록 잔뿌리들이 심연을 움켜쥐고 놓지 않아
떠나지 못한다

포옹하는 영혼

베수비우스[7]가 몸살 났구나
며칠 밤낮 열에 들떠 목 가래 끓더니 재채기 뱉고 피고름 쏟아냈구나
코피가 터지면서 불기둥이 치밀어 검붉은 연기와 흙 반죽 수렁 타고 속수무책 대책 없는 도시를 삼켰구나

간간이 울리는 잔기침 소리 듣기는 했지만
환청인 듯 늘 그랬듯이 피할 길은 없었구나
그들은 천장 없는 지대地臺 위에 성을 쌓고 타오르는
꿈속에서 무너지는 환락과 환상을 부둥켜 안았구나
폼페이 하늘 아래서 뜬 눈으로 불카누스*를 지키던 병사는 검을 뽑아 갈라진 땅을 덮었구나
덮쳐오는 흙먼지를 코 막고 포복한 가냘픈 여인과 불길 속을 용케 뛰쳐나온 한 마리 멧돼지는 아직도 코끝이 따스하구나
박제된 채로

설키는 몸부림은 뒤틀려 엉키는데 못 다한 팬터마임의 애절한 흐느낌이 가슴을 치는 구나

---

7) Vulcanus : 로마신화에 나오는 불의 신

재가 되어 사그라진 비단 솔기의 부푼 보풀과 잔해가 눈물겹구나

밭어낸 한숨은 막다른 틈새마다 핏방울이 얼룩져

숯덩이와 잿더미로 메워진 기포 속에 함께한 영혼이 포옹했구나

심장도 타는 구나

찔레꽃 사랑

남 몰래 설레어 두근거려요
돌담 너머 고개 내민 그녀의 얼굴
아무도 없네요 보는 이 없네요
입술을 들이대요

정말로 안고 싶어요
몰래 그녀를 데려갈까요

내 사랑은 아파요
가슴을 할퀴는 사랑인 걸요
만지지 마세요 품지 마셔요
방울방울 피멍이 맺히는 걸요

그래도 안고 싶어요
몰래 그녀를 데려 갈래요

그림자 지문

너는 내 발목을 잡고 있는 뿌리라고 본다
가끔 잘 따라 오는지 멈춰 서서 기다려 본다
바람이 흔들릴 때 비틀거리는지 붙들어 본다
혹시 아무데나 함부로 밟는지 살펴본다
비뚠 길 똑바로 걷고 있는지 먼 앞을 내다본다
좌우로 기우는지 저울추에 앉아본다
느슨한 마음 풀고 두리번거리는지 다잡아 본다
복사본의 원본을 진단해본다
먹성 좋은 파쇄기의 치아는 가엽다고 본다
지워버린 발자국에도 지문이 박힌다고 본다
큰 것이 작은 솜털 품는지 지켜본다
한 낮의 정수리를 내려다본다고 본다
발가벗은 너는 부끄럽지 않다고 본다
거울 앞에서 일그러진 너를 다림질해본다
어느 아침 무영탑이 무너지는 꿈도 본다
길은 얼마쯤 남았는지 측량해본다
너는 내 곁을 떠나지 않는 사랑이라 생각해본다

미로를 찾다

미로를 탐색해요 드론을 디밀어요
미로는 미동도 안 해요 미등도 켜지 않아요
미로는 미나리 꽃잎에 숨어 있어요
미로는 미친美親듯이 찾아가요 루미나리 보러가요
미로는 미꾸라지 콧구멍을 밀고 가요
미로는 미적미적 뚫어가는 땅강아지 굴입니다
미로는 미로의 각인된 지번입니다
미로는 미리내 위성과 교차하는 미래의 통로 입니다
미로는 미술관의 등불 건너편에 있어요
미로의 미로에서
미로의 미심美心쩍은 그녀 얼굴 찾습니다
미로의 굴절마다 부딪히는
미로의 궁궐은 미궁입니다

그녀의 마음도 미궁입니다
열릴 듯 닫히는 잠길 듯 풀리는
부딪힐 듯 비켜가는 미로의 미혹美惑입니다

서울역 플랫폼에서 광화문 광장에서
미로를 찾습니다

미로美路는 어디 있나요 미로는 미궁을 찾아가는 길
미궁美宮은 산 너머 흘러가는 구름 한 송이
산비둘기 한 쌍이 미로 물고 어디론가 사라집니다
해는 설핏 미로의 종착역
무릉도원 미궁으로 노을 집니다
미네르바 미궁에서 복사꽃 반짝입니다

먼지 낀 영상

미명의 커튼을 벗긴다
오늘은 어제보다 산뜻한 얼굴로 걸어 나와
이웃집에 낯선 아기 첫 울음 소리와
마저 챙기지 못한 구석진 응달에도
햇빛이 골고루 스몄다는 웃음소리와
허리 감은 가시줄 걷어내고 혈맥을 이었다는
호외號外의 행진을 고대하면서
희뿌연 망막을 눈물로 닦아본다

한결같은 어제가 내일인 지금
안개는 과속으로 내달리며 고속도로 꽁무니 들이 박고
나뒹구는 조각과 거품만 부풀린 거푸집과
불타는 욕망의 스티로폼 외벽은 뒤틀리고
실낱같은 새끼줄에 매달린 가장의 싸늘한 아랫목과
동사한 까치의 소식 없는 기다림과
스스로 유괴당한 미아의 행선지와
사라진 유토피아의 환영을 좇아가다
헛디딘 모래 늪의 신기루 꼬리 밟고
파멸만 저장하는 화약고에서 찢긴 살가죽과

초점 잃은 눈동자를 수술대 위에 눕힌다

단 하루 한 해 만이라도
앰뷸런스 기사는 하품이 늘어지고
외과의사의 차가운 메스는 녹슬어 톱날같이 이 빠지고
피 받지 호청은 먼지를 뒤집어 쓴 채
으슥한 골목마다 부릅뜬 카메라 렌즈가 눈머는 밤이 오면
어린 여학생 발꿈치 졸래졸래 따라오는 달빛은 정겨운데
방범초소의 깨어진 유리창 더께 낀 거미줄
심심한 거미는 외줄 그만 탔으면

단 한 해 하루만이라도
승화원 굴뚝 타고 요절하는 눈물이 승천하지 않았으면
내일은 파란채널 가득 찬 영상映像만 나부꼈으면

알 바 아니다

어느 구름장에서 소나기 퍼붓는지
눈서리 바서지는지 알 바 아니다

철썩 치는 철제탁상 맞서서 탁상공론 끝끝내
담배연기 자욱이 연막치고
아플 건지 아픈 건지 알지 못한 가슴앓이
캘 수 없는 속앓이 알박이 말뚝 박고 나 모른다
뒷짐 지고 내 알 바 아니라지

알 바 없는 알바기 알들이 꽃으로 부화되어
폭죽처럼 터졌으면 좋겠다만 내 알 바는 아니다

서울역 11번 출입구 전단지 알바 하는 알바 생
알 수 없는 소갈머리 알고 싶어 알바 한다지
남산타워 가리운 조망권 알바기 알 수 없고
납작 엎드린 저층지붕 기지개 못 켜는 속사정
속절없는 갈대머리 씨알머리 마디마디 알 수 없고
비닐장판 뒤판 깔아 놓은 배추 단 은행잎은
몇 잎인지 알 수 없고
채석강 절벽기둥 멍게가시 수량 알 수 없고
연평도 꽃게 철 가득 품은 게거품 알 수 없고

돌아오지 않는 알바 어부 속마음 알 수 없고

이 마을 저 거리 알바 거리만 만드는 편의점
한 치 끝도 못 펴는 졸아든 새대가리
죽정이 줍는 알바 손 내 알 바는 아니라지

왜 이러니

1.

덜컹거리는 비포장 길 달려왔다
아스팔트 들어서서 택시를 바꿔 타고 예식장을 물었다
가야할 예식장은 두 군데였다
택시기사는 초대장 보더니 시간 맞춰 웨딩홀에 내려주었다
혼주와 의례하는 축하말로 인사하고 방명록에 이름 쓰고
미리 당겨쓴 빚을 이자 잘라먹고 원금 봉투만 내밀었다
십년지기 혼주가 얼굴 찡그리며 외면한다
그럴밖에 강산이 두 번이나 바뀌었는데 밥값도 안되는
적자만 들고 왔으니 그 얼굴이 화끈거린다
선생님 주소가 틀렸습니다
식권 들고 답례하던 접객 도우미가 귀띔한다
이런, 저 세상에 갈 기름 값이 누출되었구나
나는 황급히 금박 봉투로 바꿔치고 도망치듯 나왔다

2.

언덕 너머 하늘 길목 굴뚝 밑 승화원에 도착했다
꽃에 묻힌 영정은 아지랑이 피던 아련한 봄날
내 가슴에 멍 자국 후비고 떠난 그녀다
상주는 날 닮은 그녀의 아들인데 표정하나 흐뜨러뜨
리지 않고
대나무 마디처럼 꼿꼿이 서있다
나는 향에 연기 묻혀 무릎 꿇고 고개 숙인다
그녀는 이 자리 눕기 보름 전 시골집 찾아와
손 때 묻은 손 전화를 유품처럼 내 손에 쥐어줬다
지난날 미워도 연락만은 끊지 말라고

아린 속주머니에서 가슴을 두드린다
… 날 좀 보소 … 동 … 꽃 본 듯이
날 두 번이나 버리고 떠난 그녀가 입력한 유언이다
나는 울지도 못하고 웃지도 못하고
조문객들 덩달아 웃지도 못하고 울지도 못하고

아람 벌다

밤이 아침을 빗는 사이 밤송이가 아람을 벌린다
가시송이는 영그는 피부만큼 제 살가죽을 부풀리고
아직 설익은 해파리의 촉수처럼
하늘거리는 하늘의 무게를 붙들고 있다
거푸집 자궁에서 배꼽이 떨어진 밤알은
언젠가는 아찔한 첫 발자국을 눈감고 뛰어내려야 한다
착지점은 아득한데
열길 깊이에는 수직의 가파른 바람만 곤두서고
미답의 심곡深谷은 몇 밤을 지워야 하나
실눈을 뜨고 선부른 입술은 헤프게 벌리면 안 되겠지
탱자 가시를 헤집는 숨결은 언제나 형체 없이 메워지고
살갗에 별빛이 착색되는 공간의 밀도는 너와 나의
놓을 수 없는 연의 고리이다
밤을 까는 딱따구리가 음속으로 타전하는 전파 부스러기는 메아리쳐 휘돌고
안착할 때는 안아줄 품도 넉넉히 있어야 된다
가시만 감싸고 돋아난 발톱은 머물 지점과 소통하는 안테나
우리들 사이가 멀어질수록
모스부호는 강렬한 메시지로 허공을 흡입한다

천천히 걷어 들인 역 추진 빨판같이
바람 띠는 구름 망을 깔고 있다
밤송이가 스스로 등을 켜자 아침이 웃는다
아람이 드디어 지상에 안착하는 동안
갯바위 등성이 성게송이도 아람이 벌어진다

탈 무드

나는 탈이 많습니다

나에게는 하회탈을 끼고 사는 각시탈도 있고

오페라에 반쪽 얼굴로 걸어 나오는 탈도 있는데 유령의 탈과도 친해요

내가 꿰어 찬 딴 주머니에는 각양각색의 탈이 가득합니다

부랄 친구가 만능 탈 하나만 빌려 달라 통사정합니다

그러나 나는 절대로 빌려주지 않기로 작정했습니다

그놈이 탈을 쓰고 탈낼까봐 겁이 나거든요

얼굴을 가리고 아가씨를 훔친다거나 무쇠 탈을 쓰고 은행 문 부수면 그 덤터기는 고스란히 내가 뒤집어쓰거든요.

후환을 대비해서 아무리 지우고 갈아내도 내 탈은 내 탓으로 온통 지문이 박혀 있기 때문이랍니다

그런데 딱 한번 속아서 걸신乞神 탈을 빌려줬더니

닥치는 대로 아무거나 걷어먹고 등쳐먹고 공금을 횡령하다 제 명보다 플러스 오십년은 덤으로 끌어안은 빠삐용 신세가 되었지 뭡니까

지금도 빌려준 탈을 원망합니다

내 탈이니까요

나는 하루에도 수차례 화장을 고치듯 탈바꿈 합니다
그래야 세상이 편하더라구요
마지못해 체면치레 치를 때는 건성 탈
마른 눈물 연기할 때는 최루액 물탄 탈
얄미운 사람 눈꼴시면 콧방귀 비소鼻笑 탈
원가절감 공사판에 들어 붇는 함량미달 몰래 몰탈
어제 밤에는 술을 너무 많이 마신 탈에 배탈이 났어요
병원에 갔더니 탈장이래요
입원비까지 탈탈 털리고 허탈해합니다
탈 많은 세상에 말 많은 탈, 있으면 뭘 하나요
골라 쓰기도 탈난 걸요
탈 좋아하다가 무드 없다는 소리 들을까 걱정입니다

버려진 낱알

- 화폐규격 및 용량

구멍 뚫린 지갑에서 쫓겨 난 18mm[8)] 동전 한 닢이
쓰레기통 밑바닥에 떨고 있다
새벽길 쓸어 담은 미화원도 데려가지 않는 값어치다
무지갯빛 비눗방울 둥둥 뜨지 못하고
반짝이기는 하지만 눈 밖으로 밀려난 쌀의 뉘와 같다
늦가을 이삭 줍는 허리 굽힌 그가 허기虛器를 기울인다
그는 씹어 뱉은 껌딱지에 들어붙은 낙전을 크레인으로 끌어올린다
손바닥에 올려놓고 머릿속 암산을 한다
손발은 게으르고 굼뜨지만 속셈은 계산기 뺨친다
열 개를 모아봤자 24mm[9)] 백통전 한 닢
라면 요기라도 이 삼백 개 있어야 하지
19.5mm[10)] 풍년표 벼이삭도 60개는
모아야 하는데 한 톨도 없다
갓을 쓴 지폐도 142mm x 68mm[11)] 한 장은 되어야
자장면 한 그릇 값이다

---

8) 신형 10원짜리
9) 100원짜리
10) 50원짜리
11) 5,000원짜리

지하금고 소장품이 된 손에 잡히지 않는
배추 잎 은행잎의 행방은 묘연하다
면발 가닥보다 몇 곱빼기 졸아든 동전 한 닢
빌어먹을 재수 옴 붙었네, 꺼져 버려!
땅바닥에 내동댕이치고 다시 한 번 걷어찬다
억울하게 굴러가는 한 닢의 동전
사랑의 열매 3144[12] 기단基壇에서 어지럽게 맴 돌고 있다

12) 사랑의 모금함 전화번호 끝자리

천 개의 계단

목멱산 오름길은 여러 갈래 줄잡아 육십여 가닥
수 천 개의 디딤돌이 있겠지만
소월 시비를 거치는 원형기단 오솔길
널빤지 덧씌운 디딤돌에서 팔각정 섬돌까지
821돌 한 개의 발자국을 하나하나 땀방울로 점찍었지
내리막 같은 돌을 되밟아보면
131돌 모자라는 천 개의 계단
마흔 여덟 발걸음을 한 발짝에 훌쩍 건너뛸 때는
날개 돋친 드론 타고 날았는지 헝클어진 속셈인지
소월길 진달래꽃 점멸등이 깜박깜박 윙크한 탓인지
남산타워 송수신 전파의 과부하로 뇌파가 꼬인 회로
탓일까
또다시 되짚어도 엉클긴 마찬가지 그래도 세며 간다
오를 때마다 정답 없는 숨길의 정답을 찾아서

어디선가 들은 적 있다
계단 하나 오르면 4초의 생生이 연장 된다던가
그 말을 곧이곧대로 믿지는 않지만
기대수치는 57분 9초 바랄 수도 없지만
36년 식 두루뭉수리 엔진은

정비 한번 한 적 없이 세파의 매운 매연을 마시고 토하며 달렸다
발바닥이 덜컹거린다
가쁜 숨은 하늘 턱을 찌른다
안내판 거리는 걸어 20분, 16분에 도달했다
아득한 오르막길 잘라버린 4분의 생은 새로운 이정표다
가파른 비탈길은 가슴이 벅차 심장도 땀 흘리며 뛰었지
맞아도 그만 틀려도 그만인 침묵의 디딤돌
팔각정 섬돌을 건너 뛰어 삼각산 백운대 도봉산 자운봉에
무지개다리를 밧줄로 매어본다

블랙홀의 꽃

– 이광호 화가의 '기분 좋은 날' 전시회에서

그녀는 한번쯤 금실로 꿰어보고 싶은 바늘귀를 가졌어요

좌표는 지번 18홀 123,000mm 파3 핸디캡4

바늘귀는 호수 한복판 무지개 구름다리 건너에 있습니다

그녀를 짝사랑 하는 그들은 앞 다투어 단번에 바늘귀를 뚫어보려 안달이지만

속 좁은 좁쌀눈은 모른 체 하네요

헤저드 가운데 무장한 요새의 바늘귀는 그린만 갖춘 낙타의 바늘구멍입니다

보일 듯 말 듯 폴대 깃발이 아득합니다

두 쌍의 아마추어 골퍼가 등장합니다

1번이 티잉그라운드에 올라옵니다

그는 17번 홀에서 파를 잡아 1번이 되었습니다

8mm 티를 꼽고 8번 아이언으로 칩니다

오른팔 힘이 센 그는 훅을 맞았네요

공은 그린에지에 걸리는 듯하더니 헤저드에 빠집니다

2번은 얼굴이 곱상한 여성입니다

그녀는 앞 홀에서 보기를 범한 보기드믄 아마추어입니다

붙박이 고무티에 공을 올려놓고 드라이버로 가볍게 밀어 붙입니다

그녀는 가슴을 열었나 봐요

직경 40mm[13] 곰보공은 오른쪽으로 치우쳐 슬라이스가 났습니다

3번은 4번의 여자 친구입니다

그녀는 전 홀에서 더블보기를 한 스윙이 깔끔한 비기너입니다

앞의 두 사람이 물고기 밥을 주어 떨리기도 하고

기회도 있다 싶어 마음을 가다듬고 3번 우드로 날립니다

죽을상인 남자 친구에게 보란 듯이 말입니다

둘이는 홀인원 하는 사람의 소원을 들어주기로 약속한 사이입니다

그녀는 홀인원을 해야만 블랙홀을 열겠다고 했답니다

그는 어쩌면 빅뱅의 불꽃놀이는 평생 꿈만 꾸다 물 건너갈지도 모릅니다

바늘구멍까지는 18,000mm 남았습니다

4번이 드디어 오릅니다

---

13) 골프공의 직경

그는 운이 나빠서 하는 일마다 꼬이고 전 홀에서는 그 답지 않게 멀리건을 받고도 트리플보기를 했습니다

9번 아이언을 잡고 뚝심 센 배짱으로 올라옵니다

9mm의 티를 금잔디에 꼽고 꼬드기는 깃발을 꿰뚫어 봅니다

지난 홀의 악몽을 걷어내려는 눈빛의 결의가 뚜렷합니다

홀 컵이 눈동자에 가득 담긴 듯합니다

그린이 온통 구멍같이 커보입니다

고개를 숙이고 힘을 빼고 배꼽으로 가볍게 밀었더니 원하는 방향 따라 날아갑니다

그린 주변이 술렁입니다

공은 13,565mm[14] 지점에 바로 안착하여 잔디결을 타고 구르기 시작합니다

108번 굴러서 108mm[15] 바늘구멍으로 빨려 갑니다

탄성이 터집니다

그들은 홀인원의 꿈을 깨려고 허공虛空을 칩니다

그녀의 블랙홀에서 불꽃이 핍니다

---

14) 골프공이 108번 구르는 거리
15) 홀 컵의 직경

비우는 길

비가 운다
무거워 비운다
맨바닥 진창길은 쉽다
움푹 파인 아스팔트 싱크홀에
마구달린 큰 바퀴가 구정물 끼얹는다
가로등빛 얼룩진 보도블록
민머리 속눈썹에 이슬방울 맺힌다

엎딘 삶을 밀어가는 손수레 디스크의
흐느끼는 회심곡 가락
헐벗은 이 옷을 주어 구난선심하였느냐[16)]
구겨진 깡통엔 빗물만 그렁그렁

선뜻 동전 한 푼 못 던지는
무거운 속주머니

비구름은 비우려 운다
비워진 하늘 사이로
동전만한 햇살이 쏟아진다

---

16) 회심곡 가사에서 차용하다

여백의 영역

나는 뿌리 없는 떠돌입니다
어느 곳이든 몸 붙이고 정착한 적 없어요
아무도 나를 붙들고 품어주는 가슴이 없더군요
가끔 하품 날 때 천축사 추녀 끝 풍경을 울려보고
메아리가 목탁을 적시면 눈물 서너 방울 훔치고
만장봉 허리 휘감아 사패산 등성이 훌쩍 넘어
몇 걸음 성큼성큼 건너뜁니다
방아골 디딜방아 디디다 숨이 차면
여성봉 질펀한 골짝에 잠깐 퍼질러 봅니다
쥐락펴락 쥐라기 시절
일억 팔천만겁 뜨거운 숨결이 서린 곳
나는 타고난 조각가는 아니지만 어디서건
몸이 부서져도 모진 모서리는 다듬고 갑니다
나 없인 구름조차 말지 못하는 저 하늘 모퉁이
입김불어 둥글게 갈아봅니다
어떤 때는 비를 몰고 와서 물갈기를 돕기도 합니다
선바위 가풀막이 얼마큼 갈리고 닦였는지
이 몸이 몇 갈래 찢어지고 닳았는지 당신은 몰라요
나는 살짝 건드려도 움찔해요
움츠렸다 회호리치면 태평양도 뒤집혀요
깎아지른 멧부리와 요세미티의 티눈 뿌리

독수리 발톱 틈새는 내가 훑어 간 눈길입니다
별빛이 구르는 모래알도 내가 만진 구슬입니다
탱자나무 울타리 비집고 얼굴 들이밀 적
뾰족한 이웃마다 피를 흘리더군요
그 피는 지나가며 쓸어안고 지웠지요
탱자 꽃이 눈같이 바래도록

생의 여정

- 연어의 회귀

향파산[17]에서 솟구친 원류는 동대천[18] 끌어안고 동해로 흐르는데
너는 거친 파도 거슬러 물길 넘어 돌아온다
돌 틈새 자갈 속이나 후미진 수초 뿌리에 묻은
어미 젖 냄새와 배내 지린내에 매달려
다음 생을 이 악물고 튀어 올랐다
수심의 한계선 모래톱 바닥을 치고
연명 질긴 지느러미 제 무덤 헤치고
무지개 씨알 뿜어 거푸집 감쌌다

꽃은 스러져 열매 맺듯 숨 지우고
다시 태어 날 삶의 고리 명줄같이 이끌고
멀리도 돌아왔지
오직 태어난 모천에서
대물림하는 사명을 완성하고
삭은 몸뚱이는 밑거름 다지고
허물 벗은 알은 무덤 속에 싹틔운다

---

17) 함경남도 홍원군에 있는 산
18) 향파산에서 발원하는 강, 동해로 흐른다

3부,
실패를 감다

미르의 무지개

목멱산 앞자락 늪에는 미르가 뿜어내는 폭포가 솟구친다
미르는 미덥지 않은 눈에는 함부로 띄지 않고
물안개 휘돌아 은밀한 비궁의 내력이 깊다
낮에는 백자철화용무늬 구름 속에 잠기고
이슥한 밤이면 슬며시 너울 벗어 안개꼬리 감는다
은하건너 용천수는 별 이슬 뿌리고
동틀 녘 본디 품은 미궁으로 돌아온다
두터운 별 쏘임은 한 낮이 제격이어
일곱층 겹구름 다리에 오색 발 드리우고 바깥세상 내다본다
백두대간 배꼽기슭 언저리
개나리 산수유 오롯이 피어 포개질 눈금은 백년인가 만년인가 모란넝쿨 무늬 주전자는 매화주 솔잎 띄워 향도 깊이 번진다 천년비색 청자 잔에 넘치는 비주秘酒 방울 마른 혀끝 녹이는데 연꽃무늬 접시엔 사슴산적 그득히 도토리묵 바쳐 들고 어깨춤도 흥겹게 작두날 번득이는 칼춤이 꽃바람 몰고 간다
요동벌 아무르강 아우르던 백마 탄 배달의 장졸아
타는 목은 바이칼 뿔잔 물에 추겨나 보려무나

흑룡이 내뿜는 혀끝에서 폭죽이 퍼지면 잡아당긴 활시위는
서녘의 달무리 핵심을 뚫는다
투박한 막사발은 허리띠 졸라매고 보릿고개 용케도 넘겼지
이끼 핀 표주박은 옹달샘물 보름달 뜨는구나
햇살 부신 날 미르의 등허리에 물보라 일면
무지개 부챗살 편다

꽃 누비바지

– 서부의 농원에서

진남색 누비바지 차림의 그녀는 서부의 말몰이 같다
선인장 가시에 찢겼거나 장미 손톱에 할퀴었는지 성한 데 없다
생채기 난 바짓가랑이 이랑에는 꽃잎을 깁고 누볐다
달리는 박차 톱니가 풀섶을 썰면 꽃 안개 자욱하다
고뿔든 난초 잎을 쓰다듬어 입 맞추면
웃음 짓는 입술은 아침향기 반짝인다
패어진 고랑에서 피어난 향이 이웃을 감싼다
그녀는 호접란 등 뒤에 숨은 호랑나비는 눈 감아 준다
난폭한 무법자 자벌레 주름은 집게손 집어 사막으로 추방한다
길 잃은 진딧물은 풀잠자리 놀이터로 보낸다
목마른 뿌리에 단물을 추겨 꿀벌도 부른다
햇빛을 여닫고 하늘 막 덮어주고 열나면 부채로는 밤도 밝힌다
젖꼭지 매달리는 갓난쟁이 밀쳐놓고
시드는 잎줄기에 눈물도 분사했다
새얼굴 분칠하여 웨딩홀 하객 앞에 선보일 땐 손 흔들어

멀어지는 택배 메모지에 아쉬움도 매달려 보낸다
병원의 칠칠한 침대 머리맡에 무언의 말동무도 보내준다
밀려오는 꽃잎 쪽지에
문자 한 점 못 찍는 그녀 손은 열 손가락도 모자란다
호미든 바구니에서 스마트 폰이 톡톡 튄다

나타샤, 백설을 품다

너는 나의 나타샤[19]
너는 눈이 펑펑 쏟아지는 교정에서
백설을 안고 있었지
백설은 너의 품에 잦아들었지
나와 나타샤와 흰 당나귀[20]
밤새워 백석을 백번은 더 울리고
눈썹으로 녹아내린 눈물은 쓰려도
무지무지 좋아한다고 너는 말했지
앳된 너는 아린 만치 두 볼이 빨개지고
풋풋한 숨결은 입술 위에 떨렸지
흰 눈이 그토록 애달피 스며들 수 있는가
너는 눈물방울 떨구며 대답이 없었지
그래 그렇겠구나
대답은 울기보다 어렵겠지
안경너머 망막은 이내가 서렸지
꽈리처럼 부푼 여린 맘이
쌓이는 백설을 어찌 품을까
나타샤의 눈물은 얼마큼 훔칠까

---

19) 여기서는 詩를 뜻함
20) 백석 시집

리모델링

눌린 무게만치 떠받히던 기둥은 금 가고
갈라진 틈새로 시린 바람이 들락거린다
버티면서 이쯤은 넘길 만 했고
닳고 기울며 기대고 자리 잡는다

뉘 섞인 모래알은 날선 각을 부수고
튕겨진 뼈 조각이 벽을 뚫는다
대목인 그는 주춧돌까지 곪은 기둥을 뽑는다
드릴로 암반을 뚫고 의족에 나사못 박듯
볼트를 심고 뼛가루 뭉개어 다독인다
뿌리내릴 동안의 주의사항을 일러 준다
덧붙여 처방전에 과격한 운동 특히 껴안거나
입맞춤은 금기라고 경고한다

근근이 근신시간 중에
허리 한번 못 펴고 논밭만 기던 그녀가
모처럼 내 손에 매달려 일으켜 달란다
나는 천근같은 그녀를 껴안고 힘주어 세웠다
잇몸에서 굳어가던 콘크리트 피막이 터지고
묽은 용암이 솟구친다

푸념

제기랄 어떤 놈은 놀고먹고 제기랄 나는 맨손에 망치 잡고 못 때리고 제기랄 부서진 보도블록 깔고 앉아 허드레 막돌만 깨고 제기랄 하루 일당 노무비는 쥐꼬리만 못하고 제기랄 지나가는 미니스커트 한눈팔다 손가락이 터졌는데 핑계 김에 얼싸구 산재처리 안 되고 제기랄 달리는 벤츠바퀴 싱크홀 구정물 펑펑 튕기고 제기랄 세탁비는 내가 쫄딱 뒤집어쓰고 제기랄 내몽고 고비사막에서 내 몸으로 황사가 횡사처럼 몰려오고 제기랄 CBR[21] 교장에서 좀먹은 방독면 받아쓰고 콧물 눈물범벅 몽둥이찜질 피터지고 제기랄 민얼굴 민망해서 가면 가리고 가면극 보러간다 제기랄 관객 없는 독무대 독불장군 옹고집 불장난 공포탄 뻥뻥 쏴대는 철딱서니 꼬락서니 제기랄 그 장단에 놀아나는 종이호랑이 엉거주춤 광대춤 제기랄 고향 땅 강 건너 장단長湍벌판 잡힐 듯 눈앞의 만리 길 제기랄 밤새도록 맴돌던 꿈자리 만리성 성문은 열리지 않고 제기랄 빼도 박도 못하는 손톱 밑 가시거리 짙은 안개 달려봐야 제자리 오리무중 제기랄 그럼 그렇지 될 일이 된다면 말이 안 되지 제기랄

21) 훈련소의 화생방 교육장

도심의 오지

오지 않는 오지를 걷는다
광화문 대로로 헤매면 오지다
오르내리는 버티고개 고비 길도 오지다
애오라지 애오개고개 넘어갔다가
염천교 되돌아
방향 감각 까맣게 까먹었다

굴레방다리 돌다가 허공만 헛디디다가
길도 아닌 공원도 아닌 쓸 데 없는
아픈 다리 서러울 낡은 교각 더듬어본다

넓히지도 못하고 망치로 헐 수도 없는
묶인 다리 금줄 친 재활용 육교 부지
흙 돋아 꽃 거리 걸린다는 상판때기
공인용지도 오지다
거치적거리는 시야도 마찬가지 오지다

순간을 스쳐 간다

– 환상선 시청역에서

1.

길거리에 나서면
평생 한번뿐인 처음 보는 사람과 마주친다
이 자리에서 스치는 눈길이 우연은 아닐 텐데
미소라도 비치면 좋겠다만 얼음같이 차갑기는 나도 똑 같다
순간이자 마지막 첫 만남을 덤덤하게 지나치고
비틀거리는 앞사람 어깨를 밀치고도 모른 척
발등까지 짓밟고 사과는 하는 둥 마는 둥 시장통 휘젓는다

2.

나는 리야드 올리브 그늘 길에서 콧날 선 여인과 마주쳤다
우리는 물 건너온 같은 외국인이다
나는 외국어를 한마디도 못 한다
그녀는 반갑게 다가오더니
안녕하세요
한국에서 오셨지요?
남편이 한국에서 근무하다 석 달 전에 이곳으로 부임했어요
아이들 등교 길인데 학교는 저기구요
갈색머리 남매가 손 흔들어 인사한다
하이 안녕
퍼뜩 귀를 의심했다
혹시 서울서 들려오는 환청은 아닐까
타국 땅에서 낯선 외국인이 유창한 나의 모국어로
말을 걸어오다니
그들은 시선만 닿아도 아는 체를 하나보다
순간을 고이 간직하고 싶어서

3.

지하철 연결통로 한적한 한 때
양개문 예닐곱 걸음 앞에서 한쪽 문 열고 멈춰선 여인이
누굴 기다리는 듯 그냥 서있다
둘러봐야 마주 오는 사람 뒤 따르는 사람 없는데
숙녀가 열어준 문을 먼저 지나치기 겸연쩍어 멈짓거린다
그녀는 고개를 가볍게 숙이며

안녕하세요
인사마저 깍듯하다
분명 올리브 길의 그녀는 아니다
먼 전생의 옆 골목에서 스쳤던 얼굴이 아닌지 모르겠다
고마워요
안녕히 가세요
이름 모를 그녀의 등 뒤를 미세 먼지라도 번질라
손 한번 흔들지 못하고 바깥계단 오른다
오늘 따라 모처럼 시청광장은 평화롭다
하늘도 맑다
새털구름 한 조각 어디론가 스쳐간다

사라진 그들

이곳엔 그는 없으리
그래 그럴 만도 하네
그는 베토벤 교향곡
선율 위로 튕겨났거나
치솟은 불기둥 타고
활화산 화산재에
매몰되어 깊은 잠 자리

강둑에 그는 없으리
그럼 그렇기도 하겠네
그는 지금 일송정 언덕
한 그루 소나무 되어
한 서린 갈대밭 흰서리
갈바람 쓸어가며
깊은 수심 투신 했으리

실패를 감다

나는 실이다
너는 나의 실패다
나는 너를 감싸야 할 짐을 지녔다
나는 너를 감아야 한다
너를 감을수록 불어나는 실패의 보푸라기를 감당할 부담도 감수한다
네가 발가벗고 떨고 있을 때 내 눈이 시렸다
너는 빙빙 돌아 내 허리를 감는다
내 허리는 좌우로 비비면서 나를 꼬아 너를 감는다
너의 밋밋한 민허리가 언덕배기 넘나들고 실금 같은 극세사도 감는다
숲이 우거진 골짜기는 뱉어 낼 숨구멍을 터주고 실마리도 잇는다
가녀린 실핏줄은 질긴 끈을 붙들어 놓아야 한다
너를 감지 않으면 실낱같은 희망도 실존의 실오라기 실감은 만질 수 없다
나는 천길 허공에서 간지러운 광대 발바닥을 매달 때만
허리 펴는 외줄기 연줄이다
그때는 감지 않는다
너의 몸 밖을 벗어나면 헝클어진 실타래는 실패의 연속이었다

너는 뒤엉킨 내 가닥을 빗질해서 다시 잇는다
나는 어쩌다 실없이 금 긋는 실수로 실패한 나를 되풀이 감았다
얼룩진 날염捺染 실수는 38수 겹겹이 꼬아 허리 묶은 실수였다
너는 나를 원망한다
실수한 값으로 꼬여진 너를 구슬리고 달래본다
손가락을 백발만치 비벼도 응어리 실밥은 안 풀릴지 모른다
굳을 대로 굽은 허리는 철딱서니 없는 가시덤불 철책이다
하지만 보풀 맺힌 매듭을 속 시원히 풀어 실금을 짤 것이다
나는 실 가닥이다
누에고치 잣아 명주 짜는 실크로드의 비단실 가닥이다
얼음바닥 맨발로 감아가는 노새의 꼬랑지 털실 가닥이다
누더기 봇짐지고 목화둔덕 누비는 한 날의 무명실 가닥이다
네 목이 붓고 기침하면 감싸주는 나는 스카프의 실핏줄 가닥이다

빈 둥지

기둥바위 꼭대기 다복솔가지
아무손도 닿지 않는 새둥지 안
새매 한 쌍 짝지어
제 가슴 솜털 뽑아 포대기 깔고
핏덩어리 알몸뚱이 깨운다

깨어난 알몸은 목 가눈 민머리와
날갯죽지에 깃털을 달았지
물렁한 부리 찢을 듯 입 벌려
쉴 새 없이 보채며 자랐지
이제는 어미보다 늠름한 깃털과
힘찬 날개 펼치고 멀리 떠났지

새끼 나간 둥지
살모사 허물처럼 벗어던진 배냇솜털이
헐어빠진 어미가슴 품는다
한번 날아간 새끼는 돌아오지 않는다

포토샵

그녀는 능숙한 편집장이 사진작가다
출사의 봄날, 라일락을 찍다가 향에 취해 코를 박고 말았다
사진 속에는 꺾어진 가지와 짙은 향이 찍혀있었다
그녀는 가지를 데리고 와서 담 모퉁이 재생용 플라스틱 통에 꽂았다
땅이 그리운 가지는 땅내 맡으면
흙을 쑤시고 뿌리를 재생하는 재주꾼이다
그녀는 꽃무더기 뭉게뭉게 피는 봄마다
코 박고 향내 찍고 카메라로 첫날밤을 각인한다
봄이 여름에 떠밀려가고
발목 잡힌 가을이 후끈 달아오르는 날
예고 없이 얼굴 내밀고 땀 닦고 향을 발랐다
그녀는 버릇대로 사진박고 코 박고 향내 찍고
올해 11월 그날은 분명 라일락이
봄+가을=2번 코피 터졌다고 철없는 철을 재편 한다
조 이삭 방망이가 고개 숙일 때
가을을 출사할 때 찍어온 수수 알이 붉다

언젠가 수록한 파일의 수수꽃다리가 샘쭉하다

점집點集

점집에 들어간다 앞길에 남은 점이 몇 점이나 되는지 점쳐본다 이제껏 점찍을 때마다 모자라는 점은 한 두 점이 아니었다 시험은 점으로 찍었다 나의 운세는 점으로 점철됐다 늘어선 점에서 맨 앞 꼭짓점까지 매일 모자라는 옥에 티는 한계점이었다 99.999점에서 00.001 점찍고 눈물방울 한 점 모자라는 오점을 찍고 돌아서는 무거운 시발점, 발자국 점점이 찍고 왔다 시험장에서 너는 운명의 몇 점 찍고 웃느냐 훌쩍이는 너는 몇 점찍고 눈물방울 점점이냐 길바닥에 점점이 널려있는 자갈 같은 걸림돌의 맹점은 잠재적 문제점 점진적 점멸등이 꼬리 물고 점멸한다 빈 땅에 점을 박고 선점한 빚쟁이가 으름장이다 갚을 점은 0.001점에 찍을 건데 달라는 점은 꼭 채우란다 999,999,999 이렇게 말이다 말 안되는 점 땀방울이 등허리 점점이 외곬을 훑어간다 너와 나의 뜨거운 가슴속 비등점은 100점이 만점이다 속이 점점 탄다 꼬리점(,)은 우리의 질긴 인연, 방방 튀는 방점(.)은 빵점. 봉주르 몽마르트언덕 타로점집 집시 그녀의 콧등에 파리똥 방점이 찍혀있다

이산

너는 오는 길 나는 가는 길
오던 길 다시 가고 가던 길
다시 오면 섞이는 산과 산들
이 사람 저 사람 그리운 사람
부둥켜안으며 만날 수 있겠지

중 산간 골짜기에 고이는 눈물
비로봉 흰 구름도 눈발이구나
이산 저산 흩어진 산들
오며 가며 손잡는 날
그리운 산하 밟을 수 있겠지

밀통

밀밭에서 밀통했어요 밀밭을 뒤흔들만한 염문의 밀서를 밀알에 밀어 넣고 밀봉해요 당신이 간통 큰 여인이 아니면 장막 뒤 밀교의 밀어는 밀고 하지마세요 씨눈 조일 때마다 짙어지는 밀통의 농도 밀깜부기처럼 밀치면 안 돼요 밀당길에서 밀짚모자 눌러쓰고 입도선매 밀대뭉치 밀매해요 밀리터리 밀리는 밀고랑 은밀히 밀이삭 뭉개고 밀개구름 밀려요 밀물 때 대서양 모래톱 파도만치 뒤집히고 노르망디 밀었어요 스멀스멀 버섯구름 밀렸어요 밀 누룩 누렇게 뜬 크림반도 얄궂은 얄타의 밀실에서 담배연기 자욱한 밀담은 사상 최악의 밀리언급 공해였어요 밀기울 덮어쓴 숀코네리의 숨겨놓은 애인 브래지어 단추에서 밀려나온 오리무중 밀정은 다문입술 밀촉해요 그녀의 뇌쇄직전 엉덩이에 아스란 밀림의 계곡을 밀명 띈 밀사가 밀입국 밀탐해요 밀렵꾼의 허기진 밀전병 냄새 맡고 밀려오는 개미들은 태풍이 밀려갈 길목을 밀어붙여요 태풍의 밀도는 물밑으로 밀집해요 밀수꾼은 건달과 무인포스트의 판초우의를 밀 도굴하는 마타하리 졸개들과 밀서리 했어요 밀항자는 아직 구축되지 않은 폐허의 밀항지를 평생 걷도는 밀밭 허수아비의 통바지와 밀회해요 통밀의 밀밀한 밀깜부기 씨알 밀고 불어난 불온밀서는 소각로에 불태워요 밀사

들의 검은 밀모는 세단기에 밀어 넣고 맷돌에 통밀 갈아 어처구니없이 갈라진 지각地殼 틈새를 밀봉해요

우리 밀 통일해요

누워있는 누드

– 국립중앙박물관 기획전시 폴란드전을 보고

살포시 실눈 뜨고 오지로 들어선다
풀머리 자락엔 멧새들 깃들고
아미타고 내려온 깊은 눈망울
한낮의 구름꼬리 반쪽 달빛 스친다

봉긋이 솟아난 구릉 위로
목덜미 휘감은 붓 자국이 가슴에서 설렌다
산딸기 두 알 빨갛게 익어 가면
방울꽃이 이내 부푼다
눈부셔 눈 감았다

별 이슬 내리내리 바람가닥 줄기 빗고
옹달샘 저류지 지나
무성한 골짜기는 실개천 잎을 가린다
다물린 아기집 동굴입구 수줍은 입술
한 오라기 금줄도 허락하지 않는다

꽃바람 훑고 간 간지러운 기슭마다
촘촘한 솜털이 손끝에서 떨린다
곧게 뻗은 다리는 뿌리마저 매끄럽다

자근자근 물고픈 손가락에서 붓 끝이 숨 고른다
나는 한 자루 붓 잡아 너를 베낀다

그곳에는 눈 감아야 보이는 오지가 있다

달의 이면지

사월 스무날께 목멱산 둘레길 눈꽃이 팔랑일 때 미래파 화가끼리 소주잔 기울이며 스케치북 펼쳤다
꽃잎이 소주 향에 번진다
스케치북이 없는 나는 지난 삼월 달력을 뜯어 다가오는 뒤편에 그림판 깔았다
술판 멀찌감치 비켜나서 맨손으로
흩어진 꽃잎사귀 아귀 맞춰 아기자기 모자이크한다
화제는 빼어난 우리의 국토 순례다
백두산에서 한라산 이어도까지 가지각색 꽃잎 싸고 해안선 감돌아 동해물 외딴섬은 울타리꽃 뿌리 깊이 박았다

지나는 고장마다 도시락 밥풀 발라 꽃잎타일 붙인다
나진에서 아침 먹고 청진 서고 북청 건너 홍원 서고 흥남 철수 돌아보고 함흥 쉬고 정평 지나 원산폭격 피해 머리 박고 의정부 지나 서울구경 두루 하고 수원 건너 대전 쉬고 익산 전주 광주 잠깐 서고 목포는 종착역이다
영산강 노을 타고 유람선 뱃사공과 저녁이나 함께 했으면 좋겠다
목포의 눈물, 눈물 젖은 두만강 합창하면서

부산역 기적소리 우렁차다

대구 지나 김천 들러 대전 찍고 수원 지나 서울역 잠깐 쉬고 파주 지나 개성 지나 해주 지나 평양거리 속속들이 누비고 정주 지나 영변 지나 신의주는 대륙의 관문이다

압록강 건너 배달 혼 번지던 아무르강 들녘에는 다음 꽃 싹틔우고

철교 아래 금모래 솥단지 걸고 참꽃 필 때 천렵이나 했으면 참 좋겠다

엄마야 누나야 강변 살자, 휘파람 불면서

서먹서먹 담쌓고 지낸 사람 얼싸안고 춤도 추면 좋겠다

끊어진 다리 너머 한 가닥 핏줄기 이었으면 좋겠다

산 아래 서울역은 신의주행 나진행 KTX 기적소리 기다린다

남산타워 새잎타일 안테나는 꽃말 문자를 발신한다

커피는 쓰다

아둔한 나는 아물거리는 섬 기슭 첫발 디디고
아마가사키尼崎驛 맞은편 커피숍 카운터에서
고이 주세요
벼락치기로 외운 어설픈 발음으로 커피 한 잔 주문했다
곱상한 그녀는 방울 같은 눈을 휘둥그레 굴리며
얼굴은 붉으락푸르락 도끼눈이다
내 얼굴에 송충이라도 기어가는 듯 벌레 씹은 구김살이다
오늘 아침 수염도 밀고 로션도 살짝 발랐는데
안 하던 흰 머리칼 골라 솎고 싸구려 향수도 한 방울 찍었는데
왜 그리 밉게 보는지 모르겠다
다시 한 번 다그쳤다
고이 주세요 짙은 것으로
그녀는 내 말이 입술에서 떨어지자마자 생수 잔을 내 얼굴에 끼얹었다
영문 모른 채 물벼락 맞고 부아가 슬며시 치미는데
옆에서 지켜보던 마다무가
코히 말입니까 묻는다

그렇다고 대답했다
남은 속상한데 마담은 깔깔대고 웃는다
왜 웃느냐고 따졌다
물바가지 쓸 만도 했네요
저 손녀딸 같은 아이에게 짙은 사랑을 요구하다니요 욕심도 과하셔요
나는 얼른 포켓용 사진을 꺼내 까닭을 열어보았다
고이는 연戀이었다 연으로 연상되는 연애 연인 연정 연연한 맛
갓 피어나는 꽃봉오리를 때 묻은 손으로
꺾으려 했으니 그럴 법도 했다
코히는 연연한 맛이 빠진 쓰디쓴 커피였다
하마터면 코피 터질 뻔 했다

붓

– 박 앤 화가의 브랑블루호텔 아트전에 부쳐

낮에도 별이 그립다네
미운 하늘 커튼 치고
별빛을 묻혀 왔다네
새록새록 돋아나는 별 가루와
숨바꼭질 한다네
이따금
반딧불이 끌고가는 꼬리 감아
미리내 별을 건져 본다네
꿈과 꽃과 극광의 향기 피워
올올이 오로라를 수놓았다네
오로라의 극점마다 반짝이는
꿈 그렸다네

4부,
별, 별것 아니다

선인장의 꿈

– 백운수 사진작가의 사진전을 보고

부리를 주세요
태양을 물고 올래요
돌무지 틈새로 넘나드는 방울뱀이나 전갈이 넘나드는
모래알 깊숙이 뿌리 내린지 오래네요
새 발톱 새 신발 신고서 기다리는 뿌리의 꿈
날갯죽지는 부드러운 깃털을 꽂았어요
지평선 너머 물에 빠지는 당신의 불덩이
물고 갈 부리가 없어요
당신의 입맞춤이 부리를 깨운다면
망원렌즈에 맺히는 이슬 한두 방울 흘려주세요
목마른 입술에 붉은 부리가 돋아날 때면
지평선 잠기는 불씨를 건져올래요
수평선을 날고 싶어요
구름 위를 밟고 싶어요

통일로의 눈

한 뭉치 구름덩이가 은가루 뿌립니다
은가루는 나풀거리며
후미진 골짜기와 기왓골 골고루 덮습니다
한결같이 사무치는 자그만 바램은
모두가 하나 되는 하얀 꿈
별 내리는 가로수와 골목길 개나리 울타리
마른 잎과 시든 꽃을 털어버린 가지에
이팝나무는 이팝꽃을 피우고
조팝나무는 조팝꽃을 피웁니다
색깔은 하나입니다
시샘 속에 핀 꽃은 때 묻은 색깔을 칠하고
뿌리까지 엉키지만 별이 피워낸 눈송이는
오로지 한 빛만 반짝입니다
오두산 오르막 길섶 가시덤불 어둑한 굴속도
눈꽃은 뒤덮이고 촉촉이 입김서린 속삭임은
구슬처럼 귀뿌리에 매달립니다
넘지 못할 턱없는 가시철망 녹슨 가시마다
부푼 한아름 목화송이
얼어붙은 실핏줄에 녹아내린 눈물이 따십니다
갈라진 가슴 여미고
우리 마음 하얗게 하나 됩니다

함박눈 오면

솜털이 날렸지
폭신한 저녁은 하얀 눈발 툭툭 털며 매운탕집 들어갔지
몸 푸는 동태가 열탕에서 끓었지
동태는 애당초 이름이 없었는데
함경도 관찰사가 명천 사는 태 서방이 처음 만나 잡았다고 명태라는 특명을 내렸지

그녀는 어부의 딸로 태어나서
가슴 넓은 명태 잡이 태 서방 만나서
명태 배 가르고 애 꺼내고 고지[22] 훑어내고 명란 창난 젓 담고
아가미 떼어내고 손이 얼어 터지도록 북어덕장 코 꿰고 북어 눈알 눈물 빼고 허리 질끈 부레 묶고 쪼글쪼글 고지 말려 맑은 장국 끓였지

그 무렵 명천 앞바다 물길은 송사리 무리 같은 치어들의 모태 속 태반이었지
태 서방 그물코는 인심도 후했지
잔챙이 노가리는 놀다가게 놔두고 살찐 놈만 골라 잡았지

---

22) 명태 수컷의 정자

그물 걷는 한창 때 느닷없이 엘리뇨가 덮치고 어디서 숨어 왔는지

유령처럼 스며든 쇠고래가 흙탕물 휘저을 때

그들은 보따리 싸들고 캄차카반도 뒤편이나

베링해협 해로 따라 알래스카 기슭에 더부살이 피난 갔겠지

더러는 후쿠시마 방사능 누출을 예감하고 미리 피해 피난길 합류하기도 했겠지

이제는 베링의 체온 속에 길든 지느러미가 뿌리 내렸겠지 돌아오지 않겠지

그녀가 붙들지 않았다면 그 꼬리에 보따리 매달았겠지

그는 고드름 매달린 빈 덕장에 주저 앉아 눈 빠지게

기다리겠지 애간장 녹겠지

그녀는 안개서린 주방에서 러시아로 귀화한 민타이[23]를 초대하여 반겨주었지 머잖아 묵호항에 러시아 비자 떼고 원산지 명천명태가 귀환하겠지

23) 명태 러시아어 '민타이'는 우리말 명태에서 온 것이다

시인 못 해요

시큼한 묵은 지 깔고 졸인 고등어 안주로 시어터진 막걸리 마십니다 시작은 물론 언제나 나 혼자지요 시정잡배들과 한때 놀아나기도 했는데 이제는 시건방지다는 시큰둥이 시형님 한 말씀에 시퍼렇게 날선 펜촉 들이대는 아우들 등쌀에 떠밀려 시방 이지경이지요 시말을 까발려 보고 밉보인 이유가 있다면 시형님 시녀가 시도 때도 눈치 없이 천방지축 날뛰며 시침 떼고 치마꼬리 휘감아 돌아치다 보니 시끌벅적 실속 없는 헛소문이 시형님 눈에 거슬렸어요 오지 않는 신춘은 시들고 시든 잎은 폭삭 삭았는데 시큰한 쉰내 맡은 그녀가 막걸리 잔 가로채고 시인부터 바로 해라 닦달이네요 느닷없이 시인 하라니 아닌 밤중에 홍두깨요 시알리스도 유분수지 시샘 맑고 고고한 그녀의 숨결에 한 번도 스친 적 없는데 시동 걸린 그녀 발등 브레이크 밟은 적도 없는데 시들시들한 시래기타래 꿈속까지 쫓아와 시위 떠난 큐피드의 화살촉 심장에 박아주네요 시립병동 퍼렇게 멍든 잉크병에 진홍빛 눈물까지 떨구면서 시름시름 가슴앓이 하면서 시발점 아득한 백지 위에 시인 싸인 보채지만 시인이 아니어서 시인 할 수 없어요 시뻘건 거짓말로 부도낸 시점에 지문은 찍어도 시구문詩句文 밖으로 시시한 시편들이 실려 나가도 시인是認 못해요

바다의 꽃불

해질녘 돛 거두고 파도는 잠잠하다
저녁노을 불타는 성산 앞바다
성산포 성주께서 그리운 바다를 노래한다
맨발로 검모래 찰싹찰싹 장단치면서
잔잔한 물결 타고 바다는 꿈꾼다
일출봉 벼랑에 피어난
한 송이 동백
바다를 그리다
꿈길너머 노을 품에 젖는다
꽃잎은 뱃전을 맴돈다
선장이 성주에게 고한다
성주님 저 불꽃을 건지셔야죠
사그라지기 전에요
아닐세 먼저 본 사람이 손잡아야지
자네가 잡게
동백은 불타고 있다
소주잔에 꽃잎이 출렁인다

산

한 발짝 물러서서 너를 본다
길이 트인다
나무와 수풀 골짜기 너머
네가 보이고 하늘도 가깝다

내 앞의 주먹을 펴본다
움켜쥔 손바닥은 구김살 투성이
손금마다 구겨 넣은 먼지 투성이
잔주름 펴지 못할 시름 투성이
헛디딘 발걸음 뒤돌아본다
바른 길 걷지 못한
비틀린 발자국 투성이

너의 무등을 타고 내려다본다
발아래 흰 구름은 맨발로 걸어간다
허공 찌른 안테나는 한 치의 눈금보다 짧다
전동차 열 칸은 노래기 꼬리만 하다
딱정벌레 뒤따라 트럭은 기어간다

모서리 갈기

우리는 모난 사람 부딪치기 십상이다
사면이 모진 각선미를 내세우지만
맞닿으면 부서지고 깨어지는 사람
사람의 밑받침 모진 각 갈아낸다
알량한 각선 ㅁ 미움(미음) 모서리 갈아보면
함박웃음 둥그런 ㅇ 이응이구나
각선사람이 사랑이 되는구나
미운 사람이 사랑하는 사람
사랑이 되는 구나

모난 사람끼리 부대끼고 살 맞대고
살다보면
모진날도 무디어 둥글게 정이 붙겠지
정은 둥그런 그런 사랑일 게다
사람과 사람 사이 잇는 둥근 고리
어찌 사랑만 둥글 것이냐
매일 뜨는 해도 둥글고 달뜨는 마음도
쌍가락지 속 둘레도 둥글다

시청 뜰에 시심을

걸핏하면 애꿎은 시청 뜰에 불청객이 들끓었지
시끄러운 시위대 발자국 파내면

진달래 피는 날
금잔디 사뿐히 즈려밟는 소월님 모셔오고[24)]

뭉게구름 뭉개 뭉개 구르는 날
소고삐 매달린 소년은 망개열매
한 입 베어 보조개 담아오고[25)]

보도블록 경계 턱엔 여름내 뒤안길 뒤편서서
고이 피운 누님 얼굴 데려오고[26)]

날마다 포천장날 좌판 벌려
깻잎 반찬[27)] 찰떡사랑 고소하게 나눠먹고

별 내리는 청개천 루미나리 등대 난간
청산도 그리운 그님은 유람선 유인하고

---

24) 김소월 시 「진달래꽃」
25) 강희근 시 「산에 가서」
26) 서정주 시 「국화 옆에서」
27) 김순진 시 「깻잎 반찬」

함박눈 덮이는 하얀 밤
흰 당나귀 등태우고 나타나는 나타샤와 백석[28]

못 다한 신접살림 단칸방
별빛 새는 지붕엔
무허가 천막이나 한 조각 덮어줘야지
햇솜이불 도톰하게

28) 백석 시 「나와 나타샤와 흰 당나귀」

손깍지

둘이서 어깨를 꼬옥 기대어
눈길을 걸어간다
마디마디 손깍지 끼고
다른 손은
꽃무늬 장갑 한 짝
나비무늬 장갑 한 짝
나누어 끼고
그네는 장갑을 한 켤레만 가졌나 보다
손뜨개 실장갑에 눈송이 맺히는데
깍지 낀 맨손은
따신 김이 발그레 달아오른다

태풍의 눈

그로부터 지나온 길목을 지나
바람의 변두리 소용돌이 휘감고
핵심은 언제나 침묵의 투시
투명하게 발산하는 빛의 열기가
불나방의 한 생애 움켜쥐고
되돌아 서는 때

변죽 울린 천둥소리 빨려드는 곳
부싯돌에 부딪치는 해일은
한 방울 물거품 일뿐

비바람도 소멸된 무주동공
몰려온 숨결 깊이깊이 삼키며
그 눈은 그곳에 머물러 있다

내핵

가슴에 불불여요
심장 같은 심지는 불꽃 일어요
무쇠녹인 열 덩어리
만져보면 육천육백 번 번개치고
애태우며 식지 않는
해 보다 뜨거운 멍울이네요

어디서
언제 태어나 어디까지 뜨거울지
당신은 몰라요 나도 몰라요
불덩이 품고 굴러왔지요
되풀이 얼마를 돌았는지
앞으로 얼마큼 갈 것인지
제자리 어느 만치 머물 건지
누가 알겠어요

어느 땐가
태양에서 누출하는 빛줄기에
성냥불 그어댔어요
내 가슴 불타는 사랑의 핵심
식지도 꺼질 수도 없어요

시력 측정

눈을 닦고 봅니다
눈앞을 측정합니다
안과 의사는 어른거리는 블록 판을
되풀이 지팡이로 짚어 줍니다
떨리는 초파리 뒷다리 붙들고
오점을 지울 때까지 흐릿한 안개를 벗겨 냅니다
졸아든 1.0의 턱에 걸려 엎어지는 0.9를
0.8로 다시 고쳐 시각을 세워 줍니다
바로선 눈금은 0.8 그나마 한 쪽은
0.7로 찌푸린 짝짝이네요

눈 맑은 1.5의 시력은 한때의 빛나던 눈꼽입니다
다음 측정 때는 1.5의 답을 망막에 각인하던지
밝은 빛을 유지하든지
변함없는 판박이 기억 속에 저장합니다

햇빛은 늘 그대로 같은 크긴데
갈수로 좁아지는 시시각각
바늘귀 꿰뚫는 독수리 눈빛을
해킹하거나 쏘아봅니다

별, 별것 아니다

- 환상선 낙성대 지나며

별을 봐도 별은 모른다
그처럼 별 모를 별 때문에 칼바위 등에서
깊은 하늘 뒤척이며 팔 벌리고 기다렸다
발바닥 발돋움하고 오를 수 없는 끝까지 매달리면
나 같이 너도 와서 별별 꽃이 다 필 줄 알았다
하지만 별별 기도 다 해도 눈 뜨면 무심한 침묵
말라붙은 한 줄기 깨어진 꿈길이었다
유성의 빗금이 미리내 지우고 지나간다

별별 세상 별별 곡절 몰아친다
적막 속 사막의 모래알 총총한 은하의 별무리 밟고
별별 패거리와 씨름판의 황소 뿔도 꺾어본다
세비야 아레나 관중에 둘러싸여 박수소리 고막 찢고
카르멘 별 장단에 별별 춤도 춰본다
때로는 별이 부서지는 카바레 조명 아래
별무늬 얼룩진 드레스에 휘감겨본다

부딪치는 별빛마다 스러지는 별똥별
어룽진 수면 위에 별 그림자 떠도는데
손바닥에 건진 별은 만질 수 없는 별이다

어미별은 말했다
별 볼 일 없는 별, 별 것 아니라고

타깃

까마득한 눈앞에서
입 다물고 말 한마디 못했어
어쩔 수 없었어
침묵조차 삼키지도 뱉지도 못했어
앙가슴 북 치는데
심장은 터질 것 같았는데
입술 박차고 빠져나간 말초리 한 가닥이
내달리는 내린천 물줄기 타고
말갈기 휘갈기며 머나먼 심중 헤아릴 때
초원의 초연한 눈빛은
언제나 아물아물 아련했어

강기슭 감도는 물안개 뚫고
반드시 이 마음 닿을 수만 있다면야
이 맘은 진심이야
맞바람 맞거나 뒤통수치거나
곧 바로 빛살같이 달려갈 거야
심혈에 묻혀온 뜨거운 숨결 한숨
아찔한 그 가슴 한복판 피톨 한 점
싹 틔울 거야
그 점은 끝내 안착할 종점이야

풀꽃

들에 핀 풀꽃은
이슬만 머금어
그리 빛나나

산새 노래는
풀잎에 핀 햇살만 쪼아
저리 맑은가

이슬처럼 깨어나서
햇살 같이
사는 구나

곁에 있을 때

그때는 햇잎이 그리울 줄 몰랐다
언제나 꽃송이 같이 웃을 줄만 알았다
바람결 물결치는 잔주름 파문을 넘어
빛의 파장이 번질 때 눈부셨다
그렇게 우리는 말없이 손잡고
서로의 체온을 감지했지

그때는 해넘이 아쉬울 줄 몰랐다
임진강 물비늘이 갈매기 깃 타고
저녁놀 깊숙이 물들어 갈 때
우이령 골짜기 단풍잎 밟으며
그렇게 우리는 초승달 손잡고
돌 고개 쉬엄쉬엄 넘었지

꽃 피는 가슴

꽃은 가슴으로 핍니다
가슴이 뜨거울 때 열꽃이 피기도 합니다
싹트는 새순에 연분홍 꿈을 묻히면
입술은 앵두꽃을 피웁니다
색깔이 여리다면
수줍은 숨결로 닦아내고
한 방울의 미소를 가슴에 콕 찍어 보세요
안개 낀 꽃망울에 이슬 맺히고
볼우물엔 새콤한 앵두 알이
발그레 익을 거예요
떡잎은 덧칠하지 마세요
미소로 빚어낸 향수만 가슴에 담그세요
당신의 꽃은
미소만이 피워내는 향기입니다

그래서 좋은

그래서 가진 것 없어 좋다
없는 것만 있어 좋다
구름 꼭대기 중간소음 163층
층층 암호장치 못 박은 키카드 아랍 숫자
잊거나 도청당할 위험성 없어 좋다
지방청에서 날아든 고지서와
거품처럼 불어나는 독촉장 없어 좋다
뱉어낼 토사물 입덧 없어 좋다

그래서 승용차 없어 좋다
약속시간 펑크 낼 타이어 없어 좋다
군데군데 파먹은 씽크홀 피할 길 없어 좋다
주유소나 정비소 갈 일 없어 좋다
맨발로 노량진 노들강변 백사장
맨손 쥐고 노 저어 좋았다
가뭇한 강둑길 버들잎은 흘러갔지만

그래서 애인 없어 좋다
그녀와 짝퉁 앞에서 기죽을 일 없어 좋다
사랑의 신용장 저울질 당할 빈 카드 없어 좋다
붙어 다니는 파리 떼 파파라치 카메라 없어 좋다
쓰레기통 처박는 신문지 더럽힐 이름 없어 좋다

철부지의 외출

철이 지나간 길목마다 때 없이
꾸며 차린 꽃 단지는 제철이 한창이다
원예사의 가슴을 담아놓고
때 아닌 때도 그 얼굴은 제 얼굴이다
미장원인가 장미원인가 병원인가
헷갈리는 간판 문턱 들락거리며
수술대에서 거즈를 막 벗어버린 듯
깎아내고 다듬은 이력이 조화 같다
이름표에 향수도 뿌렸다

가야할 철이
철없이 머뭇거리는 산비탈 길섶
고개 내민 할미꽃 한 대공
이맘 때 피고 싶어 웃지는 않았을 것이다
철없는 불장난이 잠든 가슴에다
기름 부어 화끈거렸을 것이다
연기 속을 지팡이 짚고 나왔을 것이다
하얀 재 뒤집어쓰고 피었을 것이다
달궈진 풀무질에 허리 굽었을 것이다
붉은 뺨에 늦바람 스친 열기
때 없이 피어난 꽃 단지 바깥의 봄은
갈 길을 잊었을 것이다

허브터널 지나서

숲으로 향내 뚫린 굴속을 달리네
미등에서 깜빡이는 유혹의 꼬리 물고 가네
저녁연기 초가지붕 추녀에 가라앉네.
별빛이 드문드문 얼굴 내미네
아치문엔 오색등이 매달리네
낮보다 화사한 꿈길 밝히네
무지개는 허리 조이고 있네
빛과 색 구름은 산등성이 감도네
딱따구리 메아리 쪼아대는 전나무 뿌리 깊네
그네 타는 한 마리 무당거미는
외가닥 거미줄에 매달리는 곡예사
최후의 별무리 건너뛰네
오색물감 풀어 놓은 구름다발 스쳐
푸른 향 물들이는 빛의 터널 달리네
코끝은 몽롱한 허브 향에 빠지네

작품해설

방법론적 접근, 그 다양성에 대하여

김 순 진(시인 · 계간 스토리문학 발행인)

방법론적 접근, 그 다양성에 대하여

김 순 진

최근 몇 년간 나는 김태호 시인과 가족처럼 살았다. 시인은 늘 우리 계간 스토리문학 사무실에 오셨고, 나는 김태호 시인을 아버지처럼 여기며 따랐다. 지금도 나는 김태호 시인을 아버지처럼 여기며 이 글을 쓴다.

처음 김태호 시인은 내 시집 『복어화석』 출판소식이 매일경제신문에 났는데, 그걸 보시고 스토리문학사 사무실로 찾아오셨다. 처음에 사무실을 찾아오신 김태호 선생님은 그냥 일반인과 다름없는 연세 연만하신 할아버지였다. 시는 전혀 쓸 줄도 배운 적도 없었고, 평생 시나 문학과 무관한 직업으로 사셨던 분이었다. 그런데 우연치 않게 매일경제신문에 났던 내 시 「복어화석」에 감동을 받아서 무작정 찾아오신 것이다.

나는 고려대 평생교육원 시창작과정의 등록을 권했다. 그렇게 해서 김태호 시인의 시 인생은 시작되었다. 그는 앉아도 시, 서서도 시, 잠자리에서도 시, 꿈에서도 시, 만24시간, 하루 종일 시만 생각하며 사셨다. 시모임을 따라다니고 시인들과 어울려 다녔다. 한국문인협회 평생교육원에서 강의하는 시창작과에 등록하여 강희

근 교수님으로부터 사사를 받으며 보다 확대된 시야를 확보했다. 그렇게 시를 쓰기 시작한지 그리고 만 3년이 지났다. 이제 그의 시는 날개를 달았다. 문학을 하려면 적어도 자기의 마음을 마음대로 써낼 능력을 가져야 하한다. 그런데 이제 김태호 시인은 그런 능력을 갖추신 분이다. 그러한 능력을 갖기까지 피나는 노력이 필요하다. 이를 알고 있는 김태호 시인은 청년보다도 더한 열정으로 시에 몰두했다. 그리고 마침내 지금의 첫 시집 『그림자 지문』을 상재하기에 이르렀다.

김태호 시인의 고향은 함경남도 홍원이다. 6.25 전에 나와서 사시려니 그 세월이 고단했을 것이다. 그럼에도 그는 자수성가하였으며 자식을 모두 훌륭히 키웠고, 사회로부터 좋은 평판을 얻고 살았다. 그렇지만 그의 내면에는 늘 어떤 열망 같은 것이 자리하고 있었다. 그것을 스스로 깨닫지 못하고 77세의 연세에 시를 만나게 된 것이다. 그런 그가 이렇게 훌륭한 시인이 되실 줄은 나도 몰랐다.

미국의 서부 다이아몬드 광산 지역의 한 상점에는 수십 년 째 진열되어 있는 원석이 있었다. 한 다이아몬드 세공공은 점심을 먹고 지나다 말고 그 상점으로 들어갔다. "사장님 저 원석 저한테 파시지요." "여보게 젊은이. 그 원석은 다이아몬드가 들어있지 않아요." "그래도 저한테 파시지요?" "내 그렇다면 50달러라고 쓰여 있지만 자네한테는 30달러에 주겠네." 그 젊은이가 자신의 가게로 가서 원석을 깨자 그 원석에서는 무려 3천 캐럿 이상의 다이아몬드가 쏟아져 나왔다. 나는 20여 년 째 시창작을 강의하고 있다. 원석을 발굴하기 위해 젊은 세공공처럼 나도 젊은 세월을 바쳤다. 그리고 마침내 수천 캐럿이 들어있는 원석을 세공하게 되었으니 그가 김태호 시인이라는 원석이었다. 그는 다이아몬드가 엄청나게 들어있던 원석이었던 것이다.

보통 연세가 연만하신 어른들의 시에는 몇 가지 특징이 있다. 첫 번째가 음풍농월이다. 두 번째가 과거 회상이다. 세 번째가 부모님과 고향타령이다. 네 번째가 아는 체 하며 한자를 섞어 쓰고, 가르치려고 드는 현학취의 시다. 그런데 김태호 시인의 시는 다르다. 김태호 시인은 함경남도 사람임에도 이번 시에 단 한 편의 고향시가 들어있지 않음을 보고 나는 정말 깜짝 놀랐다. 감정에 의지하지 않고 실력으로 승부하고 싶었던 것이다. 부모님도 그립고 고향도 그립고 친구도 그리울 텐데, 그의 이번 첫 시집에는 그 흔한 부모님 이야기 하나, 친구 이야기 하나, 고향마을 이야기 하나가 들어있지 않다. 어른의 시집이 이렇게 편집된 시집은 정말 처음 본다. 김태호 시인은 청년이다. 그와 등산을 해보면 안다. 그는 어느 누구보다 높은 산을 빨리 올라간다. 그리고 숨차하거나 남보다 먼저 주저앉아 쉬지 않는다. 그런 그의 청년성은 그대로 시에 들어와 녹아든다. 그의 사고는 그가 평생 견지해온 적극성을 닮아 있다. 그래서 그의 시에는 다양한 방법론이 제시되어 있다. 사람들은 보통 시를 자기 변론으로 삼는 경우가 많다. 보통의 초심자들은 스스로를 미화하고, 호소하며, 하물며 읍소하여 독자에게 동정을 구하는 경우가 허다한데, 김태호 시인의 시는 이를 불허한다. 그의 시는 일체의 '음풍농월, 과거 회상, 부모님과 고향타령, 현학취'를 드러내지 않고 오로지 작품으로만 승부하려 한다.

그의 작품들을 면밀히 관찰해보다가 나는 김태호 시인이 크게 세 가지의 방법론을 구사하여 시를 쓰고 있음을 깨달았다. 첫 번째 특징은 언어의 희화성(戱話性)이다. 두 번째 특징은 관찰의 극대화라 할 수 있겠다. 세 번째 특징은 기호의 시화(詩化)이다. 현대시는 발전하고 있다. 이제 현대시에서는 주제나 회화성보다 방법론을 우선시한다. 그래서 해마다 신춘문예 당선시에서 선별되는 것은 어떻게 말을 재미있게 구사했느냐보다 어떤 새로운 방법으로 쓰였느냐에 관한 비중이 높아졌다. 이러한 기류를 발 빠르게 점령하고 있는 김태호 시인에게서 나는 젊은 시인들의 느낌을 받는다. 그럼 여기서 김태호 시인이 시를 대할 때 어떻게 대하며 어떻게 즐거운 상상을 이어나가는지 살펴보기로 하자.

1. 언어의 희화성

앞서 말한 바와 같이 김태호 시의 첫 번째 특징은 언어의 희화성(戱話性)'이다. 시는 말의 위치에 따라 희화성을 발생시킨다. 그는 시어를 적재적소에 사용하여 재미와 해학을 발생시킨다. 다음 시 여러 수를 예를 들어 설명해보기로 한다. 시는 결국 말 장사다. 말을 어디에 놓느냐에 따라서 시의 가치는 올라간다. 과일가게에서 잘 팔리는 제철과일을 가장 앞에 놓듯, 김태호 시인은 자신의 말이란 과일을 시 가게의 전면에 배치하고 있다. 언어의 배열은 결국 자신의 시적 가치를 올려 웃음을 자아내게 하는 한 편 독자의 답답한 가슴을 뻥 뚫어주는 역할을 한다.

①
미로를 탐색해요 드론을 디밀어요
미로는 미동도 안 해요 미등도 켜지 않아요
미로는 미나리 꽃잎에 숨어 있어요
미로는 미친美親듯이 찾아가요 루미나리 보러가요
미로는 미꾸라지 콧구멍을 밀고 가요
미로는 미적미적 뚫어가는 땅강아지 굴입니다
미로는 미로의 각인된 지번입니다

– 「미로를 찾다」 부분

②
어느 구름장에서 소나기 퍼붓는지
눈서리 바서지는지 알 바 아니다
(중략)
서울역 11번 출입구 전단지 알바 하는 알바 생
알 수 없는 소갈머리 알고 싶어 알바 한다지
(중략)
철썩 치는 철제탁상 맞서서 탁상공론 끝끝내

담배연기 자욱이 연막치고
아플 건지 아픈 건지 알지 못한 가슴앓이
캘 수 없는 속앓이 알박이 말뚝 박고 나 모른다
뒷짐 지고 내 알 바 아니라지

– 「알 바 아니다」 부분

③

나는 탈이 많습니다
나에게는 하회탈을 끼고 사는 각시탈도 있고
오페라에 반쪽 얼굴로 걸어 나오는 탈도 있는데 유령의 탈과도 친해요
내가 꿰어 찬 딴 주머니에는 각양각색의 탈이 가득합니다
(중략)
탈 많은 세상에 말 많은 탈, 있으면 뭘 하나요
골라 쓰기도 탈난 걸요
탈 좋아하다가 무드 없다는 소리 들을까 걱정입니다

– 「탈 무드」 부분

④

밀밭에서 밀통했어요 밀밭을 뒤흔들만한 염문의 밀서를 밀알에 밀어 넣고 밀봉해요 당신이 간통 큰 여인이 아니면 장막 뒤 밀교의 밀어는 밀고 하지마세요 씨눈 조일 때마다 짙어지는 밀통의 농도 밀깜부기처럼 밀치면 안 돼요 밀당길에서 밀짚모자 눌러쓰고 입도선매 밀대뭉치 밀매해요 밀리터리 밀리는 밀고랑 은밀히 밀 이삭 뭉개고 밀개구름 밀려요 밀물 때 대서양 모래톱 파도만치 뒤집히고 노르망디 밀었어요 스멀스멀 버섯구름 밀렸어요 밀 누룩 누렇게 뜬 크림반도 얄궂은 얄타의 밀실에서 담배연기 자욱한 밀담은 사상 최악의 밀리언급 공해였어요

– 「밀통」 부분

⑤
별을 봐도 별은 모른다
그처럼 별 모를 별 때문에 칼바위 등에서
깊은 하늘 뒤척이며 팔 벌리고 기다렸다
(중략)
부딪치는 별빛마다 스러지는 별똥별
어룽진 수면 위에 별 그림자 떠도는데
손바닥에 건진 별은 만질 수 없는 별이다

어미별은 말했다
별 볼 일 없는 별 별 것 아니라고
-「별, 별것 아니다 -환상선 낙성대 지나며」부분

김태호 시인이 구사하고 있는 언어의 희화성은 세태 풍자와 사회 풍자로 이어진다. 따옴시 ①은 「미로를 찾다」의 부분으로 미로라는 말을 앞에 내놓고 시를 이끌어간다. 시인에게는 늘 마음의 미로가 있었다. 스스로 찾아가고 싶었지만 그 길이 어디인지 몰랐다. 그런데 그가 시를 만남으로서 그의 미로는 열렸고, 미로는 새로운 미로를 낳게 되었다. 그리고 스스로 미로 속으로 들어가 알 수 없는 암호를 풀며 미로가 된다.

따옴시 ②「알 바 아니다」는 '알 바' 즉 '내가 알 필요가 없다'는 말과 '알바' 즉 아르바이트의 동음이의어(同音異議語)를 사용하여 사회상을 고발하고 있다. "어느 구름에서 소나기를 퍼붓는지"는 '남의 아픔을 알 바 아니라'는 방관과 "서울역 11번 출입구 전단지 알바 하는 알바 생"의 고난, 그리고 "캘 수 없는 속앓이 알박이 말뚝 박고 나 모른다"고 '알박이'하는 세태에 대하여 "뒷짐 지고 내 알 바 아니라"며 고발하고 있다.

다음의 따옴시 ③은 탈이 많은 세상을 풍자하면서 무드 없는 자신을 꼬집고 있다. 요즘 인간들은 수많은 탈을 쓰고 산다고 지적한다. 양심의 탈을 버리고 늑대의 탈을 쓴다고 생각한다. 그래서 탈 많은 세상에 무드 없는 사람으로 보일까봐 걱정한다. 자신의 탈무드적 수양을 스스로 챙기면서 무드, 즉 분위기 없는 자신을 추스른다. 탈무드란 무엇인가? 탈무드란 기원전 300년경 로마군에 의해 예루살렘이 함락된 이후부터 5세기까지 약 800년간 구전(口傳)되어 온 유태인들의 종교적, 도덕적, 법률적 생활에 관한 교훈, 또는 그것을 집대성한 책이다. 그의 「탈 무드」 시는 탈 냉전, 탈 이데올로기가 현실화된 이 세상에 탈 무드, 탈 양심, 탈 기사도 현상을 꼬집는 말이다.

따옴시 ④의 「밀통」이란 시는 우리 말 '밀'의 다양한 뜻, 즉 밀 - 밀가루, 密 - 빽빽함, 蜜 - 꿀……, 등의 뉘앙스가 가져다주는 어감을 통해 세태를 고발하고 있는 것이다. 그리하여 그는 "밀밭, 밀통, 밀서, 밀알, 밀봉, 밀고, 밀깜부기, 밀당, 밀짚모자, 밀대뭉치, 밀매, 밀리터리, 밀림, 밀고랑, 밀물, 밀담" 등 수없이 많은 '밀'의 언어를 '밀리언급'으로 쏟아낸다. 말하자면 밀실에서의 뒷거래를 청산하고 밀월관계를 유지하자는 것이다.

따옴시 ⑤ 「별, 별것 아니다 -환상선 낙성대 지나며」는 장시인데, 나는 필요한 부분만 약간 따다가 이 글에서 인용하고 있다. 우리에게 별이란 말은 꿈을 대신하는 말이다. 그런데 김태호 시인은 "별을 봐도 별은 모른다"고 사람들이 꿈을 가지고 살지 않음을 비꼰다. 요즘 젊은이들의 암담한 현실을 비꼬는 말 중에는 "3포 세대, 5포 세대, 7포 세대"라는 말이 있다. 3포 세대는 연애, 결혼, 출산을 포기한 세대란다. 5포 세대는 3가지를 포기한 상태에서 인간관계와 내 집 마련의 꿈까지 포기한 세대라고 하니 정말 걱정이다. 게다가 7포 세대는 다섯 가지를 포기한 것은 물론, 희망과 꿈을 포기한 세대라고 하니 어른으로서 어찌 이를 두고 가만히 우스갯소리로만 듣고 있을 수 있단 말인가? 그러나 김태호 시인은 말한다. 별은 꿈이지만 꿈이 없는 별은 별이 아니다. 즉 "별 볼 일 없는 별"은 "별 것 아니라"고.

2. 관찰의 극대화

'두 번째 특징은 관찰의 극대화'라 할 수 있겠다. 그가 관찰하고 있는 것은 인간의 내면이지만 사물을 통해 비춰보는 내면이기 때문에 보다 확대된 돋보기와 가장 축소된 졸보기를 효과적으로 들이 댄 기법이다. 그의 관찰대상은 실로 다양하다. 다음 인용하는 시 「반가사유상」, 「토이공항」, 「그림자 지문」, 「달의 이면지」, 「여백의 영역」 등에서 살펴보면 그가 관찰하는 대상은 어느 한 가지도 이미지 중복이나 의미 중복을 허용치 않는다. 오로지 그때 그때 다른 관찰을 상상으로 이어나가면서 시적 완성도를 고취시키고 있다. 그럼 따옴시를 읽으면서 그의 세심한 관찰력이 어디에 미치고 있는지를 살펴보자.

⑥
깊은 시름 떠받힌 듯 뺨에 고인 두 손가락
지그시 감은 눈은 지상至上의 명상
천길 깊이 알 수 없는 웃음 짓고
입 다문 속마음은 아무도 모른다

월일식보관月日蝕寶冠 머리 아래 날개 없은 천의天衣
허리 감아 흘러내린 치마 주름 물결은
로마의 톱클래스 디자이너도 무릎 치고 울고 갔다
– 「천년의 미소 – 반가사유상半跏思惟像」 부분

⑦
발아래 토이세트 공항에서 이륙한 보잉777이 고속버스를 올라타고 달리지만 덩치 큰 코끼리보다 느리다 쪽박만한 태평양은 조각배가 가물가물 솜털구름 부풀리고 새털구름 날개를 펴 활주로를 넓힌다 어느덧 알리바바 양탄자는 하늘마당 활주로를 깔았다

큰 아이네 식구들은 그랜드캐니언 둘러보고 둘째네는 양털구름 감싸 안고 호주에나 다녀오렴
셋째네는 비단길 따라 에베레스트 굽어보고
막내딸은 부르즈 할리파 스위트룸에서 신혼 꿈이 달콤하다
– 「토이공항」 부분

⑧

너는 내 발목을 잡고 있는 뿌리라고 본다
가끔 잘 따라 오는지 멈춰 서서 기다려 본다
바람이 흔들릴 때 비틀거리는지 붙들어 본다
혹시 아무데나 함부로 밟는지 살펴본다
비뚠 길 똑바로 걷고 있는지 먼 앞을 내다본다
좌우로 기우는지 저울추에 앉아본다
느슨한 마음 풀고 두리번거리는지 다잡아 본다
복사본의 원본을 진단해본다
(중략)
길은 얼마쯤 남았는지 측량해본다
너는 내 곁을 떠나지 않는 사랑이라 생각해본다

– 「그림자 지문」 부분

⑨

스케치북이 없는 나는 지난 삼월 달력 뜯어 다가오는 뒤편에 그림판 깔았다
(중략)
영산강 노을 타고 유람선 뱃사공과 저녁이나 함께 했으면 좋겠다
목포의 눈물, 눈물 젖은 두만강 합창하면서
부산역 기적소리 우렁차다
대구 지나 김천 들러 대전 찍고 수원 지나 서울역 잠깐 쉬고 파주 지나 개성 지나 해주 지나 평양거리 속속들이 누비고 정주 지나 영변 지나 신의주는 대륙의 관문이다
압록강 건너 배달 혼 번지던 아무르강 들녘에는 다음 꽃 싹틔우고
철교 아래 금모래 솥단지 걸고 참꽃 필 때 천렵이나 했으면 참 좋겠다

– 「달의 이면지」 부분

⑩
나는 뿌리 없는 떠돌입니다
어느 곳이든 몸 붙이고 정착한 적 없어요
아무도 나를 붙들고 품어주는 가슴이 없더군요
가끔 하품 날 때 천축사 추녀 끝 풍경을 울려보고
메아리가 목탁을 적시면 눈물 서너 방울 훔치고
만장봉 허리 휘감아 사패산 등성이 훌쩍 넘어
몇 걸음 성큼성큼 건너뜁니다
방아골 디딜방아 디디다 숨이 차면
여성봉 질펀한 골짝에 잠깐 퍼질러 봅니다

– 「여백의 영역」 부분

김태호 시인이 두 번째로 구사하고 있는 주된 수사법은 관찰심상법이다. 그는 남과 다른, 자신만의 관찰 도구를 가지고 있다. 그의 시배낭에는 톱과 망치, 줄과 가위, 칼과 먹줄, 수평기와 드라이버, 플라이어와 펜치, 돋보기, 졸보기, 라이터, 해머 등 수많은 도구들이 들어 있다. 그래서 그는 일단 시제를 만나면 그 시제에 맞는 도구를 꺼내들고 그 시제의 외면을 재어보고 돋보기를 들이대며 자르고 깎아 시제의 결을 파악한다. 그것은 아마도 그가 평생 건설현장에서 잔뼈가 굳었던, 그래서 안전하고 완벽한 건축물을 세웠던 경험에서 비롯된 것이 아닌가 하는 생각이 든다.

따옴시 ⑥「천년의 미소 – 반가사유상半跏思惟像」은 필자와 함께 용산에 있는 국립중앙박물관에 가서 보고 쓰신 시다. 신라 천년의 유물, 금동미륵반가사유상의 '사유의 미소'는 '살인미소'라고 해도 과언이 아니다. 한쪽 다리를 자연스레 무릎 위에 꼬고 앉아 한 손을 턱에 괴고, 몸을 약간 구부린 채로 눈을 지그시 감고 염화미소를 띄며 사유하는 모습은 예술을 하는 사람이면 모두가 탐을 내는 장면이다. 김태호 시인은 반가사유상의 사유를 되짚어보면서 스스로를 사유했을 것이다. "월일식보관月日蝕寶冠 머리 아래 날개 없는 천의天衣 / 허리 감아 흘러내린 치마 주름 물결"을 보면서 천 년 전의 디자인을 생각해본다. 그러면서 "로마의 톱클래스 디자이너도 무릎 치고 울고 갔다"고 촌철살인의 평을 날린다.

따옴시 ⑦ 「토이공항」은 손자들이 가지고 노는 장난감을 들여다본 시다. 우선 장난감 공항이 있다는 것 자체가 이채롭다. 게다가 시인은 자신의 가족들을 모두 그 공항에 불러 큰 아이네 식구들은 그랜드캐니언, 둘째네는 호주, 셋째네는 에베레스트, 막내딸은 사우디아라비아 등 세계 각국으로 향하는 비행기에 탑승시킨다. 그리고 이웃집 형님네와 동갑네까지 "마음대로 이 세상 일주"나 하라며 선심을 쓴다. 이 시 「토이공항」에는 어떤 나라든 국경 없이 드나들고 싶은 사람들의 소망을 대변하고 있다. 이해관계와 이데올로기가 없는 세상을 꿈꾸는 것이다.

따옴시 ⑧ 「그림자 지문」은 이 시집의 표제가 된

시다. 이 세상에 그림자의 지문을 볼 수 있는 사람은 몇이나 될까? 그림자에도 지문이 있다는 것을 아는 사람은 또 몇 사람이나 될까? 시인만이 볼 수 있는 지문이다. 가만히 서 있는데 자신의 발목에서부터 땅으로 뻗어나간 그림자가 보인다. 그때부터 김태호 시인의 관찰은 시작된다. 그림자는 자신의 발목을 잡고 있는 뿌리처럼 보인다. 그래서 그림자를 바라보면서 그 그림자를 제공하고 있는 자신의 내면을 세밀히 관찰한다. 그림자가 아무데나 함부로 밟고 있는 것은 아닌지, 삐뚠 길을 똑바로 걷고 있는 것인지 잘 살펴본다. 이 시의 백미는 '본다'에 있다. 본다는 말을 매 행마다 넣음으로써 자신은 어떻게 행동하고 있는가를 스스로 견제하고 있는 것이다. 결국 시를 쓴다는 것은 자신의 내면을 들여다보기 위함이다. 나는 그간 시인(詩人)은 시인(視人)이어야 한다고 누누이 강조해왔다. 이러한 나의 노력이 그의 마음 한켠에 들어앉아 세상을 손바닥 위에 놓고 보실 줄 아는 분이 되었다는 사실에 너무나 감사하다고 말씀을 드리고 싶다.

따옴시 ⑨ 「달의 이면지」를 보라. 얼마나 기발하고 무릎을 칠만한 관찰인가? 달은 이상하게도 인간에게 한쪽 면만을 보여준다. 달은 보름달이 되어도 언제나 똑같은 모양으로 나타난다. 왜 그럴까? 달에게는 감추고 싶은 이면이 있을 거란 생각이 김태호 시인의 생각이다. 그래서 그 이면에는 우리가 그동안 해보지 못했던 것, 가보지 못했던 곳, 먹어보지 못했던 음식까지도 모두 가능한 세상이 있음을 김태호 시인은 말하고 있는 것이다. "스케치북이 없는 나는 지난 삼월 달력을 뜯어다가오는 뒤편에 그림판 깔았다"는 가정에서 시작되는 달의 이면지에는 모든 것을 가능케 하는 비법이 쓰여 있다. 가고 싶은 곳을 달리게 하고, 유년의 추억을 살려 압록강 가에서 물고기를 잡아 천렵을 할 수 있게끔 배려한다. 시인은 무소불위의 힘을 가졌다. 이 세상 무엇도 마음대로 움직일 수 있고 떼었다 붙였다 할 수 있다. 시인은 달의 이면지를 통해 그간 해보고 싶었던, 가보고 싶었던 곳을 누리며 자유를 구현하고 있는 것이다.

따옴시 ⑩ 「여백의 영역」은 가지지 않은 사람의 가능성을 이야기한 시다. 한 번 그림을 그렸던 도화지에 새로운 그림을 그린다는 것은 어려운 일이다. 고로 여백이란 가능성이다. 컵에 커피가 채워져 있거나 물이 채워져 있을 때는 커핏잔, 물잔으로 불릴 수밖에 없다. 그러나 빈 잔은 술잔도 되고 우윳잔도 되며 때론 동전통으로 쓰이거나 촛불을 밝히는 촛대로도 쓰일 수 있는 것이다. 그래서 선지자들은 '비우자, 비워야 한다'라며 스스로를 비워내는 일에 골몰했던 것이고 김태호 시인 역시 자신의 말을 주장하지 않고 침묵과 긍정이라는 여백을 제공함으로써 다른 사람이 자신에게 쉽고 가깝게 다가올 기회를 제공하고 있는 것이다.

3. 기호(記號)의 시화(詩化)

그의 시에 있어 '세 번째 특징은 기호의 시화(詩化)'라 할 수 있다. 그간 우리는 시의 언어는 아름다운 언어로만 이루어진다고 생각해왔다. 그래서 "넓은 벌 동쪽 끝으로 옛 이야기 지줄대는 실개천이 휘돌아나가고 / 얼룩배기 황소가 해설피 게으른 울음을 우는 곳"을 "그곳이 참하 꿈엔들 잊힐리야"라며 고향을 떠나온 향수를 못내 아쉬워했다. 그러나 현대 시는 "한 잔의 술을 마시고 / 버지니아 울푸의 생애와 / 목마를 타고 떠난 숙녀의 옷자락을 이야기한"지 오래다. 이제 시는 삶이며 삶은 시의 주된 소재다. 따라서 그는 산의 높이나 돈의 값어치, 발걸음의 숫자나 계단의 숫자, 골프공의 크기와 골프공이 날아간 거리까지 모든 기호를 시에 접목시킨다. 그러면 이를 뒷받침하는 다음 시를 읽어보며 그의 기호학에 대하여 알아보자.

⑪
구멍 뚫린 지갑에서 쫓겨 난 18mm 동전 한 닢이
쓰레기통 밑바닥에 떨고 있다
새벽길 쓸어 담은 미화원도 데려가지 않는 값어치다
(중략)
열 개를 모아봤자 24mm 백통전 한 닢
라면 요기라도 이 삼백 개 있어야 하지
19.5mm 풍년표 벼이삭도 60개는
모아야 하는데 한 톨도 없다
갓을 쓴 지폐도 142mm x 68mm 한 장은 되어야 자장면

한 그릇 값이다

– 「버려진 낱알 – 화폐규격 및 용량」 부분

⑫

오순도순 이어가는 산줄기

흰 구름 머문 백운대 눈높이는 836m이고 인수봉 아우는 형보다 32m 작고 소귓골 속고개 넘어 다섯 밤톨 오봉은 인수봉보다 144m 작고 속 깊은 여성봉은 오봉보다 156m 깊고 자태고운 자운봉은 여성봉보다 235.5m 높고 봉우리 가운데 웃어른 만장봉은 자운봉보다 21.5m 낮고 물벼락 맞은 수락산은 자운봉보다 80m 낮고 부처바위 불암산은 수락산보다 128.3m 낮은 509.7m이다

– 「산 높이 재기」 부분

⑬

목멱산 오름길은 여러 갈래 줄잡아 육십여 가닥

수 천 개의 디딤돌이 있겠지만

소월시비를 거치는 원형기단 오솔길

널빤지 덧씌운 디딤돌에서 팔각정 섬돌까지

821돌 한 개의 발자국을 하나하나 땀방울로 점찍었지

(중략)

계단 하나 오르면 4초의 생生이 연장 된다던가

그 말을 곧이곧대로 믿지는 않지만

기대수치는 57분 9초 바랄 수도 없지만

36식 두루뭉수리 엔진은

정비 한번 한적 없이 세파의 매운 매연을 마시고 토하며 달렸다

– 「천 개의 계단」 부분

⑭

그녀는 한번쯤 금실로 꿰어보고 싶은 바늘귀를 가졌어요
좌표는 지번 18홀 123,000mm 파3 핸디캡4
(중략)
두 쌍의 아마추어 골퍼가 등장합니다
1번이 티잉그라운드에 올라옵니다
그는 17번 홀에서 파를 잡아 1번이 되었습니다
8mm 티를 꼽고 8번 아이언으로 칩니다
- 「블랙홀의 꽃 - 이광호 화가의 '기분 좋은 날' 전시회 에서」 부분

⑮
떨리는 초파리 뒷다리 붙들고
오점을 지울 때까지 흐릿한 안개를 벗겨 냅니다
졸아든 1.0의 턱에 걸려 엎어지는 0.9를
0.8로 다시 고쳐 시각을 세워 줍니다
바로선 눈금은 0.8 그나마 한쪽은
0.7로 찌푸린 짝짝이네요

눈 맑은 1.5의 시력은 한때의 빛나던 눈꼽입니다
다음 측정 때는 1.5의 답을 망막에 각인하던지
- 「시력 측정」 부분

따옴시 ⑪ 「버려진 낱알 - 화폐규격 및 용량」은 50원짜리 동전 속에 부조되어 있는 쌀알을 보다가 쓴 시다. 오십 원짜리 동전의 지름이 18mm인가 보다. 오십 원짜리 "동전은 열 개를 모아봤자 24mm 백통전 한 닢"이라며 돈의 값어치 없음을 꼬집는다. 요즘 어린이들에게 과자 값을 주려면 1천 원짜리 한 장을 주어도

사먹을 과자가 없다. 거의 1,500원씩 하기 때문이다. 여기에서 사용되는 기호는 밀리미터mm이다. 1센티미터cm가 되려면 10mm가 있어야 한다. 계량화 할 수 없으리라 생각되던 우리의 간사함을 계량화하는 것 같아 마음이 씁쓸하다.

따옴시 ⑫ 「산 높이 재기」는 미터(m)라는 단위를 사용해서 우리의 마음을 헤량하고 있다. "백운대는 836m, 백운대보다 32m 낮은 인수봉, 인수봉보다 144m 낮은 오봉, 오봉보다 156m 깊은 여성봉, 여성봉보다 235.5m 높은 자운봉, 자운봉보다 21.5m 낮은 만장봉, 자운봉보다 80m 낮은 수락산, 수락산보다 128.3m 낮은 불암산……." 김태호 시인은 백운대의 높이 하나만 제시하고 나머지는 '얼마가 높다, 얼마가 낮다'라고 말하면서 산의 높이를 제시하지 않는다. 그렇다면 김태호 시인은 왜 산의 높이를 재고 있을까? 높낮이의 의미 없음을 이야기하려는 것이다. 높은 산은 높은 산으로서의 위용이 있고 낮은 산은 낮은 산으로서의 가치가 있다는 말을 하고 싶은 것이다. 이를테면 농부는 농부로서의 가치가 있고 시인은 시인으로서의 가치가 있으므로 모두가 똑같이 인정받아야만 하는 존재라는 말로 들린다. 따라서 김태호 시인은 어느 산이 높은 산이고 어느 산이 낮은 산인가에 초첨을 두는 것이 아니라 낮은 산과 높은 산이 어울려 산맥을 이루는 것이므로, 우리네 사회도 잘난 사람과 못난 사람, 가진 사람과 못 가진 사람, 늙은 사람과 젊은 사람의 비교는 무의미한 것이며, 함께 살아갈 때 저 산맥들처럼 웅장하고 아름다운 산하가 될 수 있다는 역설을 펼치고 있다.

따옴시 ⑬「천 개의 계단」은 목멱산(남산의 옛 이름)을 오르는 계단이 '821돌'인데 "계단 하나 오르면 4초의 생生이 연장된다"고 했으니 821개의 계단을 올랐으니 김태호 시인의 생명은 54분 7초가 연장되시는 셈이다. 1936년 출생의 김태호 시인이 지금도 남산 같은 산은 한 번 쉼도 없이 금방 오르신다. 그렇게 계단을 오르시다가는 한 계단에 4초씩 늘어나는 수명을 합하면 아마도 삼천갑자 동방삭이가 되지 않을까 싶다. 아무튼 이 시에서는 '초'라는 시간 단위의 개념을 도입해서 인간의 노력을 독려하고 있는 것이다.

따옴시 ⑭ 「블랙홀의 꽃 - 이광호 화가의 '기분 좋은 날' 전시회에서」는 필자의 친구 이광호 화가의 <기분 좋은 날>이라는 테마의 전시회에 함께 가서 쓴 시다. 여기서는 아라비아 숫자가 나온다. "파3, 핸디캡4, 1번 시드, 17번 홀, 8번 아이언" 등이 그것이다. 단순히 그림으로 이해하기 보다는 그림을 숫자의 계량화를 통해서 그림 속에 들어가 직접 골프를 치는 모양을 형상화하고 있다. 그래서 스스로 그림 속의 주인공이 되어 라운딩하고 있다. 그림이라는 것은 화가의 의도가 독자의 공감으로 이어져서는 안 된다. 구구 분분한 해석을 낳고, 다양한 각도에서 볼 수 있어야 좋은 그림이다. 그렇다면 김태호 독자는 이광호 화가의 그림을 아주 잘 이해하고 있다는 생각이 든다.

따옴시 ⑮ 「시력 측정」은 소수점 이하의 숫자의 의미에 대하여 각인시킨다. 1.5를 지향하는 시력의 소유자에게 1.0은 그런대로 좋은 시력이지만 0.9로부터 떨어져, 0.8, 0.7로 점점 내려갈 때마다 세상은 뿌옇게 보이고 돋보기안경을 필요로 하게 된다. 안경이란 무엇인가? 시력이 좋지 않은 사람이 보다 좋은 시력을 확보하기 위하여 쓰는 도구다. 그런데 사람은 시력으로 살지 않는다. 마음으로 사는 것이다. 아무리 밝은 눈을 가졌다고 할지라도 이웃과 나눌 줄 아는 나눔의 눈을 가지지 않았다면 그 사람은 세상을 보지 못하는 소경과 같은 것이다. 너무 밝은 세상을 좀 어둡게 보기 위해 우리는 가끔 선글라스를 쓰기도 한다. 그렇다면 밝은 세상만이 우리가 지향하고 있는 세상은 아니란 말로도 풀이할 수 있다. 좀 거리가 어지럽혀져 있고, 술 마신 사람들이 노래를 하고, 백열등 불빛이 흘러나오는 거리는 살아볼만한 거리다. 너무나 깨끗한 건물, 간판 하나 흐트러지지 않은 거리, 그리고 무엇 하나 정 붙일 곳 없을 것 같은 도시의 딱딱한 이미지에서 우리가 얻을 것은 무엇인가. 0.8 혹은 0.7의 시력이라도 좋다. 돋보기를 코 위에 얹고 시집을 읽고 있는 김태호 시인의 모습은 차라리 인간적이다.

이렇게 해서 김태호 시인의 시세계를 크게 세 특징

으로 나누어 살펴보았다. 그러나 내가 나눈 세 가지 특징은 방법론에 의거한 특징이다. 더욱이 김태호 시인은 인칭은유심상법, 상상은유심상법 등을 더욱 잘 구사하고 있었으나 흔히 쓰이는 수사법이라 애써 조명하려 들지 않았다. 그렇지만 그의 시들은 모두 새롭고 신선하며 기발한 것이었다. 앞서 말한 바와 같이 실향민인 그가 고향이나 부모님 생각이 굴뚝같음에도 그런 그리움을 다음 기회로 미루고 철저하게 문학성으로만 승부수를 띄운 점은 가히 개척자라 해도 틀린 말이 아니다.

앞서 말한 바와 같이 김태호 시인은 함경남도 홍원군 출신으로 실향민이다. 그렇지만 이미 그는 마음속에다 시의 고향집을 짓고 날마다 드나들면서 청년이란 언어, 젊음이라는 언어, 할 수 있다는 언어로 시집을 가꾸고 있다. 따라서 이 시집에서는 외로움도 그리움도 존재하지 않는다. 다만 문학을 위한 문학이 존재할 뿐이다. 준비된 시인인 그는 프로작가로서의 문학성이 최고의 관심사이며 따라서 이번 시집에는 일체의 개인사를 접고 현대를 사는 시인들의 공동관심사에 대한 논의가 있었을 뿐이다. 이처럼 완성도 높은 시집을 상재하심을 진심으로 축하드린다.

김태호 시집

그림자 지문

초판인쇄일 2016년 12월 1일
초판발행일 2016년 12월 7일

지은이 : 김태호
발행인 : 김순진
편집장 : 전하라
디자인 : 김초롱
펴낸곳 : 문학공원
등　록 : 2004년 3월 9일 제6-706호
주　소 : 우편번호 03382 서울 은평구 통일로 633
　　　　녹번오피스텔 501호 스토리문학사
전 화 : 02-2234-1666
팩 스 : 02-2236-1666
홈페이지 : http://cafe.daum.net/yob51
이메일 : 4615562@hanmail.net

※ 책값은 뒤표지에 있습니다